Jürgens · Lebendiges Lernen in der Grundschule

Eiko Jürgens

Lebendiges Lernen in der Grundschule

Ideen und Praxisbausteine
für einen schüleraktiven Unterricht

Beltz Verlag · Weinheim und Basel

Dr. *Eiko Jürgens* ist Professor für Allgemeine Didaktik und Schulpädagogik an der Fakultät für Pädagogik der Universität Bielefeld. Herausgeber der im Beltz Verlag erscheinenden Reihe »Studientexte für das Lehramt«.

Lektorat: Peter E. Kalb

© 2006 Beltz Verlag · Weinheim und Basel
www.beltz.de
Herstellung: Lore Amann
Satz: Druckhaus »Thomas Müntzer«, Bad Langensalza
Druck: Druck Partner Rübelmann, Hemsbach
Umschlaggestaltung: Federico Luci, Odenthal
Umschlagabbildung: Veit Mette, Bielefeld
Printed in Germany

ISBN 13: 978-3-407-25422-1
ISBN 10: 3-407-25422-9

Inhaltsverzeichnis

Hinweis zur Erwartung

Selbstverständlich ist lebendiges Lernen nicht auf die Grundschule begrenzt, sondern eine lohnenswerte Zielperspektive für die Erziehung und Bildung innerhalb des gesamten Schulwesens. Demzufolge bietet diese Publikation für alle Lehrerinnen und Lehrer der anderen Schulformen vielfache Anknüpfungspunkte, um ihre Unterrichtspraxis für sich selbst und die Schülerinnen und Schüler freudvoller und ertragreicher zu machen.

Diese Publikation basiert auf dem Lehrbrief »Wandel der Lernkultur in der Grundschule. Ideen und Praxisbausteine für einen schüleraktiven Unterricht«, der vom Institut für berufliche Bildung und Weiterentwicklung e.V. in Göttingen innerhalb des Modellprojekts »Unsere Schule ...« *Soziale Schulqualität an Grundschulen – Schulinterne Evaluation, Fort- und Weiterbildung* eingesetzt wird.

Die Entwicklung und Durchführung des Modellprojekts wird gefördert vom Bundesministerium für Bildung und Forschung und unterstützt und durchgeführt in den Ländern Bayern, Mecklenburg-Vorpommern, Niedersachsen, Nordrhein-Westfalen, Saarland, Sachsen-Anhalt und Thüringen.

Einleitung

Eine der Kernaufgaben von Schulentwicklung ist die Unterrichtsentwicklung. »Schule als Lebens- und Erfahrungsraum braucht einen Konzentrationspunkt für Arbeit und Zusammenleben: *Dieser ist das Lernen* [Hervorhebung E.J.]. Lernprozesse und die damit verbundenen individuellen und sozialen Erfahrungen gezielt zu ermöglichen, anzuregen, zu unterstützen und zu beurteilen, bleibt auch angesichts veränderter und erweiterter Aufgaben das Charakteristikum der Institution Schule in der Gesellschaft« (Bildungskommission NRW 1995, S. 81f.). Die Frage nach der Schulqualität ist deshalb zwangsläufig eine nach der Unterrichtsqualität. Soll die Schulqualität verbessert werden, muss sich Unterricht weiterentwickeln. Sowohl diese Überzeugung als auch der Konsens, dass die Unterrichtswirklichkeit an den deutschen Schulen reformbedürftig ist, haben erst in diesen Jahren die entscheidenden Impulse von außen erhalten. Unterricht ist aufgrund der Ergebnisse nationaler wie internationaler Leistungsstudien wie beispielsweise TIMSS (II und III), PISA und PISA-E in den Fokus der gegenwärtigen schulpädagogischen Aufmerksamkeit gerückt, und zwar wegen der inzwischen hinlänglich bekannten Negativschlagzeilen. Unterricht muss endlich anders und besser werden. Die nach wie vor weitgehend vorherrschende Monokultur frontalen Unterrichtsgeschehens in unseren Schulen kann selbst bei deutlicher Qualitätssteigerung nicht zu dem Erfolg führen, der aufgrund der international führenden Länder für die Bundesrepublik Deutschland langfristig gewünscht wird. Umfangreiche, breit angelegte Argumente aus verschiedenen Fachdisziplinen legen einen anderen Unterricht nahe, der als »schüleraktiv« (offen) zu kennzeichnen ist und dessen Perspektivziel im Aufbau »selbstregulierten« Lernens liegt[1].

Qualität durch Unterrichtsentwicklung

Monokultur frontaler Unterweisung

Mit der theoretischen Einbettung und den praktischen Konzeptionen schüleraktiven Unterrichtens wird sehr nachvollziehbar belegt, dass es um viel mehr als die Propagierung und Entwicklung eines neuen Methodenrepertoires geht. Hauptsächlich und grundlegend soll ein verändertes Unterrichtsverständnis entwickelt und ein Wandel der Lernkultur herbeigeführt werden, deren Hauptelemente in einer Neudefinition der Lehrer- und Schülerrolle, dem Selbsttätigkeitsparadigma und der darauf

---

1   »Selbstreguliertes Lernen« ist vom »selbstbestimmten Lernen« zu unterscheiden (siehe S. 58f.).

bezogenen Unterrichtschoreographie wie vor allem in einem tieferen, systemischen Verständnis menschlichen Lernens zu sehen sind. Arbeits- und Wiederholungsaufgaben für Lehrer/innen am Schluss des jeweiligen Kapitels untermauern die vorgestellten Unterrichtskonzepte und dienen der Selbstkontrolle. Ergänzt werden sie durch Schüleraufgaben und Beispiele für das jeweilige Unterrichtskonzept.

1. Zum Begriff

Habe ich selbst früher durchgehend die Bezeichnung »Offener Unterricht« verwendet, will ich mit dieser Publikation einen weiteren Versuch unternehmen, die Konturen des Begriffs der schulischen »Offenheit« weiter zu schärfen, indem ich feststelle, dass sich Offener Unterricht in schüleraktiven Lehr- und Lernformen erfüllt. Mit der definitorischen Fokussierung auf die »Schüleraktivität« soll im Grunde nicht mehr aber auch nicht weniger ausgesagt werden, als dass einerseits alle schulischen Erziehungs- und Bildungsprozesse aus der Entwicklungsperspektive des Kindes und Jugendlichen unter dem überragenden Ziel seiner Menschwerdung innerhalb und als Teil der Gemeinschaft betrachtet und bewertet werden sollten. Andererseits können die dazu nötigen subjektiven Veränderungsprozesse nur durch Lernen erfolgen und alles, was wir gegenwärtig von den modernen Lerntheorien wissen, hebt eindeutig die selbstmotivierende, aktive und konstruktive Rolle des Lernenden hervor.

Offenheit

Schüleraktivität

Schüleraktiver (Offener) Unterricht basiert somit auf zwei Grundsätzen:

- einem erziehungs- und bildungsnormativen Zielbild des selbstbestimmten, »seine Menschlichkeit entfaltenden« Individuums und seiner Verantwortlichkeit für die Gemeinschaft,
- einem lerntheoretischen Zielbild des selbstgesteuerten, eigenaktiven und entdeckend-problemlösenden Kindes und Jugendlichen.

Dahinter steht verständlicherweise die Bildungsidee vom freien (freiheitlichen) und mündigen Bürger, der zur Selbstständigkeit fähig ist bzw. befähigt werden kann. Um darzustellen, welchen begrifflichen Verständnissen im Kontext dieser Publikation gefolgt werden soll, sind einige kurze Anmerkungen vonnöten:

Ausgegangen wird von Kants pragmatischer Begriffsbestimmung von Freiheit, derzufolge diese als die »Eigenschaft des Willens aller vernünftiger Wesen« (Kant 1978, S. 82) aufgefasst wird. Ohne der Zugrundelegung dieses Zusammenhangs verlören alle (schulischen) Erziehungsaufgaben ihre aus dem Mündigkeitspostulat abgeleitete Legitimation und wären praktisch bedeutungslos. Denn unter Bezugnahme auf die von Kant kritisierte, »selbst verschuldete Unmündigkeit, die durch Faulheit und Feigheit, sich seines Verstandes ohne Leitung eines anderen zu bedienen« ent-

Zielperspektive: Mündigkeit

steht (Kant 1985, S. 55), lässt sich eine bildungsphilosophische und bildungsethische wie ebenso eine erziehungspraktische Verbindung zur freiheitsbezüglichen Intentionalität der »Mündigkeit« herstellen. Gesellschaftliche und individuelle Freiheit bekommen damit eine (pädagogische) Ausrichtung. Mündigkeit wird als Unterrichtsprinzip wahrgenommen und ist in verschiedene (schulische) Bildungsdimensionen aufzuschlüsseln wie beispielsweise Selbst-, Sozial-, Werte-, Kultur-, Verantwortungs-, Erhaltungs-, Innovations- und Naturkompetenz (vgl. Aregger 1997, S. 7).

Mündigkeit als ständige schulische Erziehungs- und Bildungsaufgabe ist ohne selbstständige Handlungsfähigkeit schlechterdings unmöglich. Aber ebenso wenig wie Mündigkeit lediglich funktional zu denken ist, um Staat und Gesellschaft in ihrem anscheinend vor allem durchökonomisierten Status quo am Laufen zu halten, gilt es ebenso den Begriff der **Funktionale und produktive Selbstständigkeit** Selbstständigkeit mit Bezug auf die Überlegungen von Rülcker (1990) zu differenzieren. Er unterscheidet eine *produktive* von einer *funktional* geprägten Selbstständigkeit. Funktionale Selbstständigkeit basiert auf einem Verhaltens- und Fähigkeitsrepertoire, um optimal eigenständig im Rahmen der bestehenden gesellschaftlichen Ordnung handeln zu können. Schlüsselqualifikationen wie beispielsweise das »Lernen lernen« oder die Bereitschaft zum systematischen »lebenslangen Lernen« gehören ebenso dazu wie die Fähigkeit, auf neue Situationen aus sich heraus flexibel reagieren zu können. Zur Selbstständigkeit gehört jedoch mehr, nämlich auch der Gebrauch *kritischer* Vernunft, die das Bestehende nicht als abgeschlossen oder unveränderbar hinnimmt.

> »Während heute ein breiter gesellschaftlicher Konsens darüber besteht, dass die Erziehung in funktionalem Sinne notwendig und akzeptabel ist, stößt die Realisierung produktiver Selbstständigkeit auf eine durchaus widersprüchliche Haltung. Einerseits weiß man, dass eine moderne Gesellschaft kreativer und kritischer Individuen bedarf, die mit ›zurückgebliebenen Standpunkten‹ zu brechen bereit sind. Es gehört zur Legitimationsideologie demokratischer Gesellschaften, dass in ihnen Emanzipation möglich, ja gewünscht ist. Wenn jedoch Individuen dieses Versprechen konsequent in Anspruch nehmen, fordern sie die bestehende soziale Balance und die sie schützenden Integrations- und Verdrängungsmechanismen heraus« (vgl. Rülker 1990, S. 24).

Funktionale und produktive Selbstständigkeit, Selbstbestimmung, Selbstregulation und Selbstverantwortung sind allesamt Bildungsziele eines Schulsystems in einer demokratischen Gesellschaft, die sich durch die (selbst-)kritische Mündigkeit ihrer Bürger legitimiert (vgl. Bräu 2002, S. 12).

Die Übersetzung dieses bildungs- und lerntheoretischen Überbaus in unterrichtspraktische Handlungsvollzüge der Offenheit und Schüleraktivität gelingt nur dann, wenn die diesem zugrunde liegenden universellen Leitideen gemeinsam zum Tragen kommen. Hallitzky (2002) hat völlig zu Recht darauf hingewiesen, dass erst die didaktische Implementation der Merkmale Dynamik, Flexibilität und Durchlässigkeit auf eine tendenzielle Offenheit hinweisen. Sie

> »setzen Entscheidungsstrukturen voraus bzw. zielen auf Entscheidungsstrukturen hin, die sich in der Schulpädagogik zum Beispiel unter den Grundsätzen der Selbstständigkeit, der Freiheit oder auch der Kreativität in verschiedenen Faktoren und Dimensionen von Unterricht wiederfinden: Selbstständigkeit in der Wahl von Lernwegen, Freiheit in der Gewährung individueller Spielräume der Entfaltung, Kreativität als eigenständige, subjektiv neue Verknüpfung von Ideen oder Handlungen« (Hallitzky 2002, S. 30).

Der Veränderungsanspruch ist demnach auf das pädagogisch-didaktische Gesamtkonzept von Unterricht gerichtet und nicht isoliert auf methodische Aspekte. Dem liegt ein einfaches, aber dennoch häufig unbeachtet gelassenes Motiv zugrunde. Jeder Unterricht wirkt erziehend. »Nicht-erziehenden« Unterricht gibt es nicht. Wer also behauptet, er wolle lediglich bessere Methoden in der Schule einführen, vielleicht sogar mithilfe spezieller Methodentrainingsprogramme, ohne zugleich die Frage nach deren expliziter Einordnung in den erziehungs- und bildungstheoretischen Überbau von Schule stellen zu wollen, täuscht sich selbst. Nicht nachzufragen, nicht zu bedenken und nicht offen zu legen, wem und welchen Interessen (beispielsweise einer Zielperspektive der Selbst-, Mitbestimmungs- und Solidaritätsfähigkeit versus einer Zielperspektive der Verzweckung von [Aus-]Bildung als Humankapital in einer von Technik und Ökonomie dominierten Welt) die veränderten Methoden dienen, halte ich schlichtweg gleichermaßen für naiv wie verantwortungslos und zeugt von einer gewissen pädagogischen Apathie und beruflichen Selbstentmündigung.

Unterricht ist erziehend

Offener Unterricht ist zielorientiert und bleibt dem pädagogisch-didaktischen Anspruch auf schulisch-systematisches Lehren und Lernen verhaftet. Offene und geschlossene Lernarrangements ergänzen sich einander und sind komplementär zu verstehen.

Mit Offenem Unterricht werden Themen des verbindlichen Lehrplans abgedeckt. Daneben selbstverständlich auch fakultative Bildungsinhalte. Geschlossenheit ist gleichzusetzen mit Lehrersteuerung bzw. Lehreranleitung und Instruktion, jedoch nicht zwangsläufig und ausschließlich mit Frontalunterricht in Form des fragend-entwickelnden

Komplementarität von »Offenheit« und »Geschlossenheit«

Gesprächs oder des Lehrgangs. Dies wären die rigidesten Varianten geschlossenen Unterrichts. Die wechselseitige Ergänzung von Offenheit und Geschlossenheit ist lerntheoretisch begründbar, denn die Erkenntnis, dass das neu zu erwerbende Wissen aktiv erarbeitet bzw. eigenständig konstruiert werden muss, steht nicht im Widerspruch zur direkten Instruktion (vgl. Niggli 2000, S. 32). Nicht jeder direkte Unterricht erfolgt auf vorgegebenen Handlungs- und Lösungswegen, sondern durchaus differenziert und diversifiziert. Lehrerangeleitete, schüleraktive Arbeitsformen würden die nahe liegende Konsequenz sein.

2. Schüleraktiver Unterricht – Bedingungszusammenhang

Unterricht wird in unseren Schulen im weitaus überwiegenden Maße lehrerzentriert durchgeführt (vgl. Jank/Meyer 1990, S. 399), und zwar zumeist in verschiedenen Varianten frontaler Interaktion. Schon längere Zeit zurückliegende Untersuchungen (vgl. Hage u.a. 1985; Lukesch/Kischkel 1987) haben eine über weite Strecken methodisch einseitige Nutzung der Unterrichtszeit in den allgemeinbildenden Schulen zum Ergebnis gehabt. So werden etwa 75 bis 90% des Unterrichts als Frontalunterricht und zwar zumeist in Form des so genannten »gelenkten« Unterrichtsgesprächs erteilt. Weitere Begrifflichkeiten wie das »fragend-entwickelnde« Unterrichtsgespräch (vgl. Jank/Meyer 1990, S. 370) oder der »erarbeitende« Unterricht. (vgl. Grell/Grell 2003) meinen kaum anderes, ihnen liegen die gleichen methodischen Handlungsmuster zugrunde.[1]

Fragend-entwickelndes Unterrichtsgespräch

2.1 Frontale Erarbeitungsmuster

»Fragen, bis es peinlich wird.« Deutsches Lernen – eine Trivialisierung: »Der Unterricht muss sich ändern, denn er ist das Hauptproblem«, meint Jürgen Baumert, der Leiter der ersten PISA-Studie, in einem Interview, das er der Tageszeitung am 10. Juli 2002 gegeben hat. Schulische Aneignungsprozesse werden über ständig wiederkehrende Sprach- und Handlungsmuster in einer Weise ritualisiert und determiniert, dass man durchaus den Eindruck gewinnen kann, diese Form lehrerzentrierten Unterrichts würde allein durch Fragen in Gang gehalten. Worunter nicht nur die Sinnhaftigkeit der Fragen als Mittel der Unterrichtsgestaltung und -führung leidet, sondern ebenso groß die Gefahr ist, die Fragen selbst zum eigentlichen Zweck des Unterrichts zu machen. »Wenn man häufig Unterrichtsstunden beobachtet, kann man auf den Gedanken kommen, dass Unterrichten dasselbe sei wie *Ausfragen* [Hervorhebung E.J.]. Denn in vielen Unterrichtsstunden werden die Schüler beinahe ununterbrochen nach Informationen ausgefragt, die sie eigentlich noch

---

1 Wie bei Grell und Grell (2003) zu erfahren ist, wird diese Art des Unterrichts meist als »Erarbeitung« bezeichnet, während in der pädagogischen Fachliteratur sich dafür der Terminus »fragend-entwickelndes Verfahren« [oder »fragend-entwickelndes Unterrichtsgespräch« – Ergänzung E.J.] etabliert hat (S. 5).

nicht haben können, weil sie sie ja erst lernen sollen« (Grell/Grell 2003, S. 4).

Eine wesentliche Idee, mit der der Rückgriff auf dieses frontale Erarbeitungsmuster begründet wird, ist der Versuch, durch geschickte Gesprächsführung ein mitunter durchaus schwieriges Ausgangsproblem »konvergent« und »induktiv« zu einer Klärung oder Lösung zu führen. Dabei ist die Lehrerrolle die des vielfältig geforderten Akteurs. Je nach Situation hat er nebeneinander in schneller Abfolge Berater, Stratege, Diagnostiker, Kontrolleur, Sachexperte oder Planer zu sein.

Einpassung der Schülerantworten

Die Schülerrolle hingegen lässt sich weder vergleichbar abwechslungsreich noch im gleichen Maße aktiv gestalten. Zwar soll der Schüler aufmerksam bei der Sache sein, um jederzeit ansprechbar zu sein und seinen Einsatz zu leisten, wenn er gefragt wird bzw. sich zu Wort meldet. Allerdings führen sowohl falsch platzierte als auch ebenso unzeitgemäße Aktivitäten bestenfalls zu abwehrenden, meist jedoch zu negativen Lehrerreaktionen. Bei dieser Form der Gesprächslenkung ist nämlich der Lehrer in hohem Maße auf die »richtigen«, d.h. sachlich korrekten – und dies ist die oberste Regel – sich in den Gesprächsfaden einpassenden Antworten angewiesen. Die dann häufig tastenden und nach Auf- bzw. Erklärung suchenden Schülerantworten sind jedoch für das Ergebnis, das der Lehrer erreichen will und die Schülerinnen und Schüler in der Regel nicht kennen, oft »unbrauchbar«. Der Lehrer kennt nicht nur sein(e) Lehrziel(e) sehr genau, sondern er weiß auch präzise, auf welchem Weg er dies(e) erreichen will und auf welchem nicht[1]. Dies Vorgehen führt zwangsläufig zur Abwehr der »falschen« Schülerantworten, mitunter völlig unberechtigt und vielleicht noch begleitet von einer bewertenden Äußerung, manchmal sogar kränkenden Nebenbemerkung. Gleichzeitig werden die Fragen, vor allem wenn der vorgezeichnete Unterrichtsablauf ins Stocken zu geraten oder ein verwirrendes »Trial-and-Error-Spiel« zu werden droht, immer einfacher. Man spricht dann von einer »Trivialisierung« einer eingangs anspruchsvollen, vielschichtigen Aufgabenstellung, und zwar mit der Folge, dass das, was gelernt werden könnte, sich immer weiter quantitativ und qualitativ auf ein geringes Niveau reduziert. Aber nicht allein die »falschen« Aussagen passen nicht ins Konzept. Gleichfalls »unpassend« sind intelligente, vorgreifende Antworten, mit denen das Unterrichtsziel vorweggenommen würde. Auch diese muss der Lehrer beiseite schieben, übergehen oder mit dem schlichten Hinweis, sie kämen

---

1 Beim fragend-entwickelnden Unterrichtsgespräch kommen die Schüler nicht direkt mit dem Lehrplaninhalt in Kontakt, weil der im Kopf des Lehrers verborgen ist. Deshalb stehen die Schüler bei jeder Frage »und bei jedem Denkanstoß des Lehrers erneut vor der Aufgabe, herauszufinden, welches Teilchen des dort gespeicherten Informationsvorrats sie jeweils ›finden‹ oder ›entwickeln‹ dürfen« (Grell/Grell 2003, S. 11).

zu früh, abwehren. Ihr Einsatz ist an »dieser« Stelle noch nicht vorgesehen. Ansonsten käme die vom Lehrer vorgesehene Festlegung der Lehrschritte durcheinander.

Ebenso werden nachgeschobene, im wahrsten Sinne des Wortes »nach«-denkliche Fragen oder kluge Einfälle, in der Regel nicht mehr akzeptiert, und zwar häufig mit dem brüskierenden Hinweis, dies oder jenes hätte früher eingebracht werden müssen, jetzt sei der »richtige« Zeitpunkt verpasst. Mitunter wird eine derartige Äußerung noch mit der Anmerkung »garniert«, künftig doch besser aufzupassen, um das nächste Mal zum »richtigen« Zeitpunkt mit seinen Beiträgen zu kommen. Dabei hat sich der betreffende Schüler vielleicht besonders stark auf den Problemlösungsprozess konzentrieren wollen, ist tief(er) in die Materie eingedrungen, hat verschiedene Alternativen durchdacht, gegeneinander abgewogen, vielleicht einige verworfen, aber eine hat sich schließlich als »des Fragens würdig« herausgeschält, und als dann die Frage öffentlich gemacht wird, kommt die ebenso lapidare wie frustrierende Lehrerantwort, »zu spät«. Selbstverständlich braucht tiefes Verarbeiten einer Aufgabenstellung Zeit. Eine Zeit, die der Lehrer besonders im frontal gesteuerten Unterricht oft nicht zu haben meint. Eine Zeit, die er dementsprechend dem Schüler nicht einräumt[1]. Bei der häppchenweisen, gleichschrittigen Vorgehensweise können weder »Fehler« produktiv aufgearbeitet und in das Unterrichtsgespräch integriert werden noch können vorgreifende oder nachziehende bzw. hinausgeschobene Fragen konstruktiv aufgegriffen werden.

Die Aktivität des Schülers ist demnach bei dieser Unterrichtsführung hauptsächlich darauf gerichtet, sich richtig zu verhalten, d.h. sich entweder in Deckung zu bringen, oder wenn sein Einsatz gefordert ist, zur rechten Zeit das richtige Steinchen ins Mosaik einzufügen. Wer zu langsam oder zu schnell ist, wer zu oberflächlich oder zu tief, wer zu einfach

Zum »richtigen Zeitpunkt« die richtige »Antwort« geben

---

1 Das führt dazu, dass den Schülern sowohl Zeit als auch die Gelegenheit fehlen, »Verständnis für die Informationen zu erwerben, weil sie nur damit beschäftigt sind, die Informationen überhaupt erst einmal zu identifizieren, auf die es ankommt. Und dieses Zusammenklauben der relevanten Informationen gelingt vielen Schülern nur sehr unvollkommen« (ebenda, S. 8). Denn die kognitive Verarbeitung von Informationen wird enorm erschwert, »wenn man die Informationen nicht in geordneter Form vor sich sieht, sondern sie erst noch aus einem Durcheinander von Lehrerfragen, falschen, richtigen, genauen und ungenauen Schülerantworten sowie den Lehrerkommentaren dazu mühselig selbst herausfiltern muss« (ebenda). Da das fragend-entwickelnde Unterrichtsgespräch lediglich in den sehr seltenen Fällen nützlich sein kann, in denen die Schüler über eine breite Informationsgrundlage verfügen, aber demgegenüber dieses Erarbeitungsmuster besonders als Methode des Informationserwerbs beliebt ist, wird es Schülern nur in sehr wenigen Einzelfällen gelingen, sich tiefer auf den Lerngegenstand einlassen zu können. Meistens bleibt es bei einem oberflächlichen »irgendwie« Beteiligtsein.

oder zu komplex gedacht hat etc., hat Pech gehabt, er läuft Gefahr, mit seinem Beitrag nicht akzeptiert zu werden, was schon demotivierend und verletzend genug sein mag. Noch enttäuschender ist es jedoch, für etwas getadelt, vielleicht sogar stigmatisiert zu werden, was in guter Absicht geschah und nicht aus Desinteresse, sondern weil man der Problemstellung wirklich auf den Grund gehen wollte, und zwar mithilfe seiner eigenen Lernerfahrungen und auf der Grundlage seines derzeitigen Wissens- und Kenntnisstandes. Was der Lehrer im fragend-entwickelten Unterrichtsgespräch vielleicht als »Fehler« öffentlich signiert, stellt sich aus Sicht des Lernenden nämlich meistens vollkommen anders dar: es ist ein notwendiger Lernschritt auf dem Weg zur Lösung. Darin liegt das unaufhebbare Dilemma dieser Unterrichtsführung, der Lehrer kann für die Realisierung seines Lehrarrangements keine »Fehler« gebrauchen, er benötigt ausschließlich die richtigen Steinchen. Der Schüler kann aber gar nicht lernen, ohne »Fehler« zu machen und jeder Lernende macht zudem andere Fehler, weil jeder anders lernt.

Fehler stören die Reibungslosigkeit

Unterschiedlichkeit in den Lernbiographien, in der Lern- und Bildungsentwicklung, im Lern- und Verarbeitungstempo, in der Verfügung über Lerntechniken und Lernstrategien, in der Wahrnehmungs- und Konzentrationsfähigkeit etc. bestimmt nun einmal jede Gruppe. Je größer eine Gruppe ist, desto mehr erschweren frontale Unterrichtsformen den Umgang mit Heterogenität. Durchschnittliche Klassenstärken von 20 bis 30 Schülerinnen und Schülern lassen der frontal unterrichtenden Lehrkraft so gut wie keine andere Wahl, als vom Zustand »virtueller« Homogenität auszugehen, obwohl sie im Grunde sehr genau weiß, dass die vorgefundene Realität vollkommen anders aussieht[1].

Das frontale Erarbeitungsritual des fragend-entwickelnden Unterrichtsgesprächs täuscht eine »Reibungslosigkeit« und »Zielbewältigung« vor, die sich unterhalb der Oberfläche vollkommen anders darstellen. Grell und Grell (2003) urteilen entsprechend klar und folgerichtig: »Das Erarbeitungsmuster verdeckt Lernschwierigkeiten einzelner Schüler und hält Lehrer davon ab, ihre wichtigste Aufgabe zu erfüllen: Lernhilfen zu geben« (Grell//Grell 2003, S. 17). Weil diese Art des Unterrichtens von falschen lerntheoretischen Voraussetzungen ausgeht, werden Lernschwierigkeiten laufend produziert. In Abwandlung des bekannten Lehrsatzes von Watzlawick »*Man kann nicht nicht kommunizieren*« könnte man genauso gut sagen »*Man kann im Erarbeitungsunterricht Lernschwierigkeiten nicht nicht verhindern*«. Das hat viele Gründe. Auf zwei der bedeutendsten soll an dieser Stelle genauer eingegangen werden.

1 Und weil sie dies so genau weiß, klagt sie wie ihre anderen Kolleginnen und Kollegen besonders an den weiterführenden Schulen regelmäßig über zu heterogene Klassen, obwohl sie nach PISA (vgl. Baumert u.a. 2001) die homogensten Lerngruppen der Welt haben.

Zuvor bedarf es jedoch der Wiederholung einer in der Wissenschaft längst bekannten und einhelligen Erkenntnis: »Lernen« ist ein individueller Prozess, es ist immer der einzelne Schüler, der lernt.

Frontale Erarbeitungsmuster, bewirken eben kein einheitliches Lernen, sondern breit gestreutes Zufallslernen (inzidentiell-simultanes Lernen). Eine Tatsache, vor der die Lehrkraft die Augen verschließt bzw. verschließen muss, weil sie ansonsten ihren Trugschluss sofort erkennen würde und ihre Art des Unterrichtens auf der Stelle korrigieren müsste. »Die Äußerung eines Einzelschülers wird stets als repräsentative Stichprobe dessen interpretiert, was gleichzeitig in den Köpfen aller Schüler der Klasse vorgeht. Hat ein Schüler endlich den Gedanken geäußert, *auf den der Lehrer die ganze Zeit hinauswollte,* wie es so schön heißt, dann wird angenommen, dass die Klasse von selbst darauf gekommen ist, und eben nicht nur ein Einzelner: Während des Erarbeitungsunterrichts denkt zwar jeder Schüler in seinem eigenen Tempo, mit seinen besonderen Voraussetzungen und Umwegen. *Aber man unterrichtet trotzdem, als sei die Klasse ein Superorganismus, der im Gleichschritt Wissen produziert, denkt, lernt. Wenn dem einen ein Licht aufgeht, – so die Annahme – leuchtet es auch in allen anderen Köpfen*« [Hervorhebungen E.J.] (Grell/Grell 2003, S. 15).

Gleichschritt und Gleichklang

Aus dem In-Gang-halten des Unterrichtsgesprächs wie dem Umstand, dass einzelne Schüler auf welchen Wegen und der Nutzbarmachung welcher Informationen auch immer, die Antworten geben, nach der der Lehrer seinen und streng genommen nur seinen (!) Gedankengang strukturiert und fortsetzt, lässt sich wenig bis überhaupt nichts darüber sagen, was bei jedem einzelnen Schüler überhaupt ankommt und für das eigene Lernen genutzt wird oder nutzbar gemacht werden kann. Denn die inhaltliche Gleichheit der gegebenen Informationen bei faktischer »Verschiedenheit der Köpfe« führt unvermeidbar zu unterschiedlichen Anschluss- und Verwendungsmöglichkeiten. Kann der eine Schüler die erhaltene Information gut in sein vorhandenes Wissen über den Lerngegenstand einbauen, gelingt das vielleicht einem anderen schon nur teilweise und wiederum einem anderen überhaupt nicht, weil dessen vorhandene Wissensstruktur für die neu hinzugekommene Information keine geeignete so genannte »Andockstelle« bietet. »Das Problem besteht also darin, dass Lehrer den Schülern helfen müssen, neue Informationen in ihre persönliche Gedankenwelt – in ihre kognitive Struktur – zu integrieren« (Grell/Grell 2003, S. 17). Dazu sind die Lernenden jedoch im Allgemeinen nur in der Lage, wenn sie sich in direkter Tätigkeit persönlich mit dem Gegenstand auseinandersetzen und »mit ihm Erfahrungen machen können« (Grell/Grell 2003, S. 17).

Unter diesen Voraussetzungen bestünde die Aufgabe des Lehrers darin, erstens die Schüler über die wesentlichen Informationen in Kenntnis zu setzen oder Wege aufzuzeigen, wie sie diese gewinnen und verarbeiten könnten. Zweitens eine neue unterrichtliche Situation zu schaffen, in der die Schüler Zeit und Gelegenheit haben, »die Informationen von möglichst vielen Seiten zu untersuchen und kennenzulernen (genau dieses bezeichnen wir als Lernaufgabe)« (Grell/Grell 2003, S. 17). Und drittens ausschließlich (oder gleichzeitig) die Schüler dabei zu unterstützen, die in der Auseinandersetzung mit der Problembewältigung gewonnenen Erfahrungen »in Wissen oder Können zu verwandeln« (Grell/Grell 2003, S. 17).

Aufgrund der methodischen Festlegung der unterrichtlichen Inszenierung findet beim Erarbeitungsmuster lediglich, wenn auch mit mehr oder weniger großer Lückenhaftigkeit, der erste Aspekt Beachtung, während die beiden weiteren Teilaufgaben so gut wie unbeachtet bleiben (müssen). Indem den Schülern jedoch diese Lerngelegenheiten verschlossen bleiben, dürfte es eigentlich niemanden wirklich überraschen, wenn einerseits Schüler bei dieser Unterrichtslogik falsche Vorstellungen über den Gegenstand entwickeln und andererseits vieles falsch und lückenhaft wahrnehmen und (weiter-)verarbeiten.

Weil nun einmal Heterogenität der Lernvoraussetzungen und Lernstände die normale Ausgangssituation in *jeder* Klasse und in *jeder* Schulform und Homogenität dagegen die seltene Ausnahme ist, sind frontale Erarbeitungsmuster wie insbesondere das fragend-entwickelnde Unterrichtsgespräch nur sehr beschränkt unter bestimmten Bedingungen lernwirksam, wie beispielsweise dann, wenn die Schüler zu dem Lerngegenstand bereits über eine breite Informationsbasis verfügen. Als Methode der Informationsvermittlung und -aneignung ist es allerdings ungeeignet. In diesen Fällen hat es den Effekt, »dass die meisten Schüler nicht nur fast nichts wissen, sondern dass sie es obendrein auch nicht behalten können« (Grell/Grell 2003, S. 8).

Aufgrund der bisherigen Ausführungen zur lerntheoretischen Problematik des fragend-entwickelnden Unterrichtsgesprächs war dieser Befund zu erwarten und stützt sich u.a. auf wissenschaftliche Erkenntnisse wie dieser:

> »Wir behalten Sachverhalte, die uns in organisierter Weise und in größeren Bedeutungseinheiten dargeboten werden. Wenn wir einen logischen Zusammenhang vor uns sehen, können wir auch die Einzelheiten behalten« (Grell/Grell 2003, S. 3).

Ebenso fällt es uns leichter, etwas im Gehirn abzuspeichern und zu verstehen, wenn wir mit zusammenhängenden Gedanken statt mit (einer Vielzahl) von Fakten konfrontiert werden. Beides ist nicht gegeben. Stattdessen wird durch das Unterrichtsgespräch Zusammenhängendes in

Heterogenität als normale Ausgangssituation

Speicherproblem

viele Einzelteile und Facetten absichtlich aufgetrennt, wodurch logische Verknüpfungen und Sinneinheiten, wenn überhaupt, kaum noch erkennbar sind und mühselig durch jeden einzelnen Schüler erst im Laufe des Unterrichts rekonstruiert werden müssten, ohne eine Gewähr dafür zu haben, ob das Selbstgefundene oder schlimmstenfalls Selbsterratene sowohl »richtig« zusammengefasst als auch vollständig ist. Dabei argumentieren Lehrerinnen und Lehrer gerne mit den vorgeblichen Vorteilen dieser Vorgehensweise. Der behauptete enge Zeitplan aufgrund übervoller Lehrpläne rechtfertige die Lenkung des Unterrichts, weil es dadurch ermöglicht werde, alle Gesprächsfäden in der Hand zu halten und zugleich disziplinäre Kontrolle über die Gruppe zu haben, um Zeitverluste durch Abschweifungen jeglicher Art zu vermeiden. Die Aufsplitterung des Gegenstands in kleinste Schrittfolgen, die mit den Fragestellungen übereinstimmen, sollen darüber hinaus helfen, den Gleichschritt für alle Schüler einhalten zu können, wozu es wiederum nötig erscheint, die einzelnen Schritte zumeist als parzelliertes Faktenwissen darzubieten. Ist es damit für die Schüler schon schwierig genug, selbst bei angemessener Aufmerksamkeit den roten Faden der Gesprächsführung nicht zu verlieren, wird es fast aussichtslos, den Gegenstand sowohl in seiner Ganzheit und Mehrschichtigkeit bzw. Mehrperspektivität als auch in seiner Kontextgebundenheit (d.h. Verknüpfung mit anderen Situationen und angrenzenden Themenbereichen) wahrzunehmen. Die an und für sich gültige Begründung, die sich auch im theoretischen Bezugsrahmen des schüleraktiven (offenen) Lernens findet, dergemäß nämlich Schüler das, was sie selbst herausgefunden oder entdeckt haben, besser behalten können als etwas, das ihnen angetragen wird, erfährt im fragend-entwickelnden Unterricht ihre Verkehrung ins Gegenteil, weil die dazu notwendigen Kontexte nicht hergestellt werden. »Es ist sicher richtig, dass ein Gedanke, den man aufgrund längeren Nachdenkens selbst gefunden oder einem als Aha-Erlebnis plötzlich wie von selbst gekommen ist, tiefer im Gedächtnis sitzt und mehr bedeutet als ein Gedanke, der einem vorgesagt wird. Und es stimmt wohl auch, dass eine Lösung für ein Problem, an dem man lange Zeit intensiv gearbeitet hat, ziemlich unvergessen ist«, bestätigen auch Grell/Grell (2003, S. 10), um dann allerdings unmissverständlich deutlich zu machen, dass beide Situationstypen in dieser Form unterrichtlicher Gesprächsführung (von zufälligen Ausnahmen mal bei dem einen, mal bei dem anderen Schüler abgesehen) praktisch nicht vorkommt. Was jedoch im Übermaß produziert wird, ist eine gewisse Gleichgültigkeit gegenüber den Inhalten und damit unmittelbar im Zusammenhang stehend, das Aufkommen von Langeweile (vgl. Czerwenka et al. 1990).

Ungewollter Effekt: Inhaltliche Gleichgültigkeit

Wenn es für Schüler schwierig wird zu lernen, besteht immer die Gefahr, dass sie aus dem Unterrichtsprozess »aussteigen«. Allerdings gilt es

**Langeweile-
syndrom und
Ausweichen
auf Neben-
tätigkeiten**

zu unterscheiden und nach den Ursachen zu fragen, die doch sehr unterschiedlich ausfallen können. Auch machen manche Unterrichtschoreographien und -muster deren Auftreten wahrscheinlicher als andere. Der frontale Erarbeitungsunterricht ist aufgrund der Art der Gesprächsführung besonders anfällig für die Entstehung des Langeweile-Syndroms bei gleichzeitigem Ausweichen der Schüler auf störende Nebentätigkeiten (vgl. Jank/Meyer 1990, S. 398ff.)[1]. Schon alleine deshalb, weil die thematische Darbietung derartig diffus, zufällig und lückenhaft erfolgt, sodass Schüler daran scheitern zu erahnen, wohin die vom Lehrer geplante Reise überhaupt gehen soll. Mitunter auch schlichtweg keine große Lust verspüren, sich auf diese »Quizveranstaltung ohne Preis« (Werner Stemberg) einzulassen. Von daher ist das fragend-entwickelnde Unterrichtsgespräch hoch anfällig für Störungen jeglicher Art, was von der Lehrkraft im Allgemeinen völlig missverstanden wird und zu falschen, die Problematik noch verstärkenden Reaktionen führt, indem sie ihren Unterricht noch stärker meint »durchziehen« zu müssen. Auf zunehmende Schüler-Langeweile und sich ausweitende Nebentätigkeiten wird dann mit gleichzeitig anwachsender Lehrer-Hektik und repressivem Verhalten reagiert (vgl. Jank/Meyer 1990, S. 399ff.).

**»Heimlicher
Lehrplan«**

Doch es gibt noch eine weitere äußerst problematische Schülerreaktion. Aufgrund des hohen Verbreitungsgrads des frontalen Erarbeitungsmusters lernen Schüler im Schulbetrieb kaum noch andere Arten des Lernens kennen bzw. gelangen zu der Auffassung, Lernen müsste in der Regel so und nicht anders stattfinden. Die daraus entstehenden Folgen, die dem »heimlichen« Lehrplan anzurechnen sind, kann man noch bei Erwachsenen beobachten, die oft Lernen mit passiv-rezeptivem Verhalten gleichsetzen[2]. Im Sinne Klafkis (1985, S. 79f.) lässt sich abschließend festhalten, dass das frontale Erarbeitungsmuster in Form des fragend-entwickelnden Unterrichtsgesprächs weder eine didaktisch effiziente noch eine didaktisch effektive Organisations- und Vollzugsform des Lehrens darstellt, um adäquates schulisches Lernen zu ermöglichen.

1   »Schüler wollen mit ihren Nebentätigkeiten den offiziellen Unterrichtsverlauf kommentieren, kritisieren, parodieren und zum Teil auch unterlaufen. Sie wollen lustbetonte Tätigkeiten [Hervorhebung – E.J.] ausführen, sie wollen testen, wie viel Spielräume ihnen die Lehrer belassen; vor allem aber: sie wollen ihre Langeweile bekämpfen« (Jank/Meyer 1990, S. 403).

2   Mit dem Begriff des »heimlichen Lehrplans« werden die (sozialen) Lernerfahrungen bezeichnet, die die Schüler zwar dadurch machen, dass sie in und mit den organisatorischen und curricularen Strukturen der Schule leben, die aber nicht intendiert sind oder sogar offiziellen Zielen entgegenarbeiten (vgl. Fromm 1989, S. 977ff.). Übertragen auf die angesprochene Thematik hieße dies, dass die Schüler in der Schule und deshalb selbstverständlich ebenso durch das fragend-entwickelnde Unterrichtsgespräch u.a. das Lernen lernen sollten, stattdessen aber lernen, sich »faktisch« und »passiv« zu verhalten.

Zusammengefasst

- Das fragend-entwickelnde Unterrichtsgespräch ist entgegen seiner Verbreitung als häufigste Methode innerhalb frontaler Unterrichtsorganisation nur in den (wenigen) Fällen unterrichtlicher Prozesse eine (potenziell) geeignete Methode, in denen die Lernenden bezüglich des Unterrichtsgegenstands über eine hinreichende Informations- und Wissensbasis verfügen.
- In Unterrichtsprozessen, die der Informationserarbeitung und -bereitstellung dienen und einen Großteil schulischer Arbeit ausmachen, ist diese Methode hingegen unangebracht und in mehrerer Hinsicht schädlich. Die Verlaufsmuster des fragend-entwickelnden Gesprächs erschweren schulisches Lernen, statt es zu ermöglichen, wodurch große Wissenslücken entstehen und geringe Behaltensleistungen erreicht werden.
- Eine Orientierung an Zielen der Selbstbestimmung, Mitbestimmungs- und Solidaritätsfähigkeit (vgl. Klafki 1985, S. 77) kann diese Unterrichtsmethode ebenso wenig leisten wie eine didaktische und diagnostische Beachtung der Heterogenität unter Schülern innerhalb einer Gruppe (Klasse, Kurs etc.).

Schließlich bleibt noch unbedingt hervorzuheben, dass zwar einerseits die frontale Unterrichtsorganisation überwiegend mit Vermittlungsformen der »Direkten Instruktion« (vgl. Weinert 1996) in Verbindung gebracht wird, allerdings beim fragend-entwickelnden Unterrichtsgespräch dieser schlüssige Zusammenhang weder prinzipiell noch in größerem Maße gegeben ist. Zwar lässt sich das fragend-entwickelnde Unterrichtsgespräch bei Zugrundelegung einer allgemeinen Abgrenzung der »Direkten Instruktion« von konkurrierenden Verfahren problemlos unter diesem Begriff verorten, da es sich unzweifelhaft um eine Methode handelt, die auf einer Außen- und Fremdsteuerung des Schülerlernens beruht. Doch damit erschöpfen sich bereits die Gemeinsamkeiten. Während es Charakteristikum der »Direkten Instruktion« ist, die im Zusammenhang mit dem zu behandelnden Unterrichtsgegenstand entscheidenden Informationen – didaktisch aufbereitet – aus sicherer Quelle und ohne Umschweife zu vermitteln, ist nahezu das genaue Gegenteil davon beim fragend-entwickelnden Unterrichtsgespräch zu beobachten. Informationen werden bewusst zurückgehalten und verschleiert, ihre Offenlegung erfolgt häppchenweise, mehr oder weniger zufällig und zusammenhanglos; also über weite Strecken wird »indirekt« vorgegangen. Man kann durchaus auch von einem »induktiven« im Gegensatz zum »deduktiven Vorgehen« sprechen. Daraus folgt:

»Direkte Instruktion«

- Das Konzept des fragend-entwickelnden Unterrichtsgesprächs ist dem Frontalunterricht zuzurechnen und vermutlich in unseren Schulen nach wie vor dessen am häufigsten verwendete Variante. Dennoch ist sie kein »lupenreines« Mitglied innerhalb der Familie direkter Lehrverfahren. Aufgrund des Abweichens von einschlägigen Anleitungsprinzipien lässt sich von einem Ableger oder einer Sonderform der »Direkten Instruktion« sprechen.

Deshalb ist weiter zu präzisieren:

- (Traditioneller) Frontalunterricht ist nicht generell mit »Direkter Instruktion« gleichzusetzen.

2.2 Direkte Instruktion

Die unter diese Begrifflichkeit fallenden Lehrerszenarien sind gekennzeichnet durch eine externale, lehrerzentrierte Steuerung der Wissensvermittlung und -verarbeitung. Bei den der »Direkten Instruktion« zugrunde liegenden Konzeptionen handelt es sich um wissenschaftlich gestützte Verfahren, die in anspruchsvoller Form sowohl die aktive und konstruktive Arbeit von Lehrern *als auch* von Schülern einfordern. Prinzipiell werden zunächst die Lehr-/Lernziele festgelegt, das Thema in kleine und sinnvolle Lerneinheiten unterteilt, anhand adäquater Dialogformen Informationen bereitgestellt, Wissen vermittelt oder generiert, Fragen unterschiedlichen Schwierigkeitsgrades gestellt, auf ausreichende Übung und Fertigung Wert gelegt, individuelle Lernfortschritte kontrolliert und bei der Überwindung von Lernschwierigkeiten geholfen. Direkte Instruktion setzt demzufolge weder eine Homogenität in den Lernvoraussetzungen und -ständen der Schülerinnen und Schüler voraus noch geht sie von einer fiktiv unterstellten Homogenität der Gruppe (Klasse) aus. Demgemäß stellt Weinert (1996) nachdrücklich fest: »Instruktion lässt sich als Inbegriff jener Handlungen und Maßnahmen umschreiben, die darauf gerichtet sind, die Bedingungen, Prozesse und Ergebnisse des Lernens kollektiv, differenziell oder individuell zu optimieren«. Das heißt: Direkte Instruktion ist ein didaktisches Prinzip, das auf einem lerntheoretisch begründeten Methodensetting beruht, und sowohl auf mehr oder weniger große Lerngruppen als auch auf Einzelpersonen zugeschnitten werden kann. Also auch starke schülerzentrierte Züge trägt, bis hin zur Individualinstruktion. Damit wird klar, dass es die Prozessmerkmale Direkter Instruktionen nicht nur erlauben, sondern es für

Direkte Instruktion als didaktisches Prinzip

deren Realisierung und Effektivität durchaus konstitutiv ist, wenn »adaptive Lehrsituationen« entstehen, indem das konkrete unterrichtliche Vorgehen an die Bedürfnislage, den Vorkenntnissen und Fähigkeiten des bzw. der Lernenden angepasst wird. Nach Weinert (1996) ist dieser Anspruch sogar einer der Kerngedanken Direkter Instruktion, die sich als variables Instrument der Führung und Vermittlung des Schülerlernens erweisen soll:

> *»Die Festlegung der Instruktionsziele erfordert die Berücksichtigung interindividueller Differenzen des kognitiven Entwicklungsstandes, des Vorwissens, der Lernmotivation und der Handlungskontrolle«* (S. 38).

Dieser neben weiteren Praxishinweisen als so genanntes »Instruktionsprinzip« postulierte Grundsatz ist in Arbeiten von Antenbrink (1973), die sehr viel früher entstanden sind, der tragende Gedanke jedweder Instruktion. In seinen Überlegungen unterscheidet er drei so genannte »Handlungsempfehlungen«:

- Hinweise zur Bewirkung einer möglichst optimalen, schnellen, vollständigen und individuellen Kodierung von neuen Lerninhalten. **Leitsätze zur Instruktion**
- Hinweise zur Eröffnung einer möglichst optimalen, schnellen und vollständigen integrativen Kodeassoziierung der individuellen Kodierungen an bereits vorhandene Schemata.
- Hinweise zur Erreichung einer möglichst optimalen, schnellen und vollständigen Kodeassoziierung abstrakter Schemata aus schon bestehenden Schemata (vgl. S. 78).

Die Grundidee der unterrichtskonzeptionellen Umsetzung »Direkter Instruktion« liefert die Instruktionspsychologie und die mit dieser verbundenen lernpsychologischen Erkenntnisse (vgl. Hilgard/Bower 1966; Reinmann-Rothmeier/Mandl 1999). Im Zentrum der theoretischen Begründung steht eine Auffassung von Lernen, *»die den Prozess des Wissenserwerbs als einen streng regelhaft ablaufenden Prozess der Informationsverarbeitung interpretiert, der sich eindeutig beschreiben und damit auch erfolgreich steuern lässt«* (Reinmann-Rothmeier/Mandl 2001, S. 606). Die daraus abgeleiteten Instruktionsmodelle weisen größte Übereinstimmungen auf und haben als gemeinsames Kennzeichen die lehrerzentrierte Organisation und Kontrolle des Schülerlernens. Ausgehend von der Annahme, dass verfahrenstechnisch optimierte Lehrfertigkeit stringent zu optimaler Lernaktivität aufseiten der Schüler führt, sind methodische Leitfäden, die eine weitgehend ausschließlich technologische Handhabung schulischen Unterrichts nahe legen, die logische Konsequenz (vgl. Leutner 2001; Gàgne 1985; Grell 2000; Ackermann 1989; **Instruktions-modelle**

Anderson 1982; Shuell 1990). Beispielsweise schlägt Shuell (1990) das folgende Phasenmodell vor:

1. **Initialphase:** Zu Beginn der Auseinandersetzung der Schüler mit dem Unterrichtsgegenstand soll die Instruktion die Funktion erfüllen, Gefährdungen beim Aufbau eines neuen Wissenssystems, z.B. durch Erkenntnisbarrieren oder zu frühe Fixierungen auf Randständiges bzw. Unwesentliches, entgegenzuwirken. Auf der anderen Seite sollte Instruktion dem Lernenden Gelegenheit zu explorativen Handlungen geben, gleichzeitig aber auch das Vorwissen aktivieren und ermutigen.
2. **Zwischenphase:** Diese Periode beinhaltet das Erkennen von Zusammenhängen und sachlogischen Beziehungen, das Entdecken von Regelhaftigkeiten oder Gesetzmäßigkeiten, die Entwicklung abstrakter Schemata (vgl. Anderson/Spiro/Montaque 1977) sowie die Anwendung des neuen Wissens zur Lösung einfacher Problemstellungen. Demgemäß kommen der Instruktion während dieser Phase recht vielfältige Aufgaben zu: Organisation adäquater Lernarrangements und Gestaltung sokratischer Dialoge sowie die Einstreuung situationsgemäßer Impulse und Sicherung informativer Feedbacks.
3. **Endphase:** Die Instruktionstätigkeit wird in diesem letzten Abschnitt auf Unterstützungsleistungen der Lehrkraft bei der Übung/Automatisierung und Anwendung des Gelernten konzentriert. Desgleichen gilt bei metakognitiven Reflexionen, analogen Transferbildungen und beim produktiven Weiterdenken[1].

---

1   Eines der zentralen Probleme dieses »idealtypischen« Modells zur »technischen« Ablaufstruktur von schulischem Instruktionsunterricht besteht unter anderem im Fehlen der Beschreibung der Übergänge zwischen den Phasen und damit unterbleiben Antworten auf Fragen wie diese: Wie gelangt der Lerner von einer Phase in eine andere und was muss er dafür tun oder besser, welche Instruktionshilfen muss der Lehrer dafür bereithalten?
Weinert (1996), der sich langjährig forschend mit Instruktionsunterricht auseinandergesetzt hat, verdankt die Diskussion den wichtigen Hinweis, dass Instruktion zwar vermutlich die wissenschaftlich fundierte, »aber nur durch gesunden Menschenverstand, praktische Vernunft und plausible Erfahrungsgeneralisierung nutzbare Anwendung von Prinzipien (bleibt), die eigentlich keine Prinzipien sind« (S. 41).

Zusammengefasst

1. Direkte Instruktion ist als didaktisches Konzept zu verstehen, bei dem der Lehrer eine durchgängig aktive Rolle des Präsentierens, Aufbereitens, Vermittelns und Kontrollierens (relevanten) Schulwissens innehat, um mithilfe einer präskriptiven Unterrichtschoreographie und (mutmaßlich) praxisbewährter Instruktionsprinzipien und -hilfen den Schüler zum Erfolg »führen« zu können, das heißt die Soll-Zustände (Lehr-/Lernziel) in Ist-Zustände (Lehr-/Lernergebnisse) zu verändern.

2. Direkte Instruktion hat weder Homogenität lernrelevanter Schülermerkmale zur Voraussetzung noch zum Ziel. Ganz im Gegenteil. Protagonisten instruktionaler Unterrichtskonzepte betonen immer wieder die Wichtigkeit von Differenzierung und Individualisierung für die Sicherung von Lernerfolg für alle Schülerinnen und Schüler.

3. Fraglos haben instruktionale Komponenten und Phasen im Schulunterricht ihre Bedeutung. »Lernen ohne jegliche instruktionale Unterstützung ist in der Regel ineffektiv und führt leicht zur Überforderung. Lehrende können sich deshalb nicht darauf beschränken, nur Lehrangebote zu machen, sie müssen den Lernenden auch anleiten und insbesondere bei Problemen gezielt unterstützen« (Reinmann-Rothmeier/Mandl 2001, S. 628). Von daher bestätigt sich einmal mehr die Erkenntnis, dass der Wert und Einsatz von didaktischen Entwürfen nicht pauschal, sondern immer nur unter Berücksichtigung der intendierten Lerneffekte und Bildungsqualität beurteilt werden kann (vgl. Terhart 1989, S. 9).

Dennoch ist es spätestens jetzt sinnvoll, kritische Einwände gegen das Modell der »Direkten Instruktion« zu richten: **Kritik**

1. Die vorrangige Lehrerzentrierung in inhaltlicher, methodischer und organisatorischer Gestaltung des Unterrichts, um alle im Zusammenhang mit der Instruktion stehenden Vorgänge jederzeit zum Zweck der Qualitätssicherung steuern, unterstützen und kontrollieren zu können, lässt dem Schüler wenig Raum zu Eigeninitiative, Wahlmöglichkeiten und selbstdefinierten Lernsituationen. Damit wird der Schüler auf die passive Rolle beschränkt. Wodurch nicht allein dem Entstehen unerwünschter Nebeneffekte (heimlicher Lehrplan) und Störungen des Unterrichts (Langeweile-Syndrom, Rückzug, Demotivation, Konzentration auf Nebentätigkeiten) maßgeblich Vorschub geleistet wird, sondern darüber hinaus negative Langfristfolgen wahr-

scheinlich unter anderem in der Entwicklung eines einseitigen und eingeschränkten konsumtiv-rezeptiven Lernverständnisses und damit direkt zusammenhängend der Erschwerung des Aufbaus einer positiven Lernidentität, die weit in das Erwachsenenleben hineinwirken kann, entstehen können.

2. In bildungstheoretischen und didaktischen Diskursen der Schulpädagogik ist es inzwischen nicht mehr strittig, dass schulische Lernsituationen in einem stärkeren Maße als bisher mit Alltagsfragen, Alltagserfahrungen und Lebensproblemen, die die Schülerinnen und Schüler mitbringen, in Beziehung gebracht werden sollen, um sie realitätsnäher werden zu lassen (vgl. Bildungskommission NRW 1995, S. 83). Das ausschließlich nach sachlogischen und systematischen Aspekten geordnete und aufbereitete fachliche Wissen hat aber mit dem Alltagswissen wie den »komplexen und wenig strukturierten Anforderungen und Erfahrungen in Alltagssituationen meist nur wenig gemeinsam. ›Träges Wissen‹, das in *Alltagssituationen* kaum zur Anwendung kommt, ist die Folge« (Gudjons 2003, S. 139).

3. Das verfahrenstechnische Vorgehen, inhaltliche Kontexte bzw. »Ganzheiten« in kleine Lerneinheiten zu zergliedern und getrennt zu unterrichten, ist »reduktionistisch« und auf dem Hintergrund neuer lernpsychologischer und neurowissenschaftlicher Erkenntnisse besonders problematisch, weil denen zufolge Lernen umso besser gelingt, je stärker es »vernetzt« wird, das heißt in verflochtene und beziehungsreiche Wissensstrukturen bzw. Gesamtheiten eingebettet wird (vgl. Sacher 2006). Diesen Erkenntnissen widerspricht die mit dem Modell der »Direkten Instruktion« einhergehende so genannte »Häppchen-Didaktik« allerdings fundamental (vgl. auch Gudjons 2003; Sacher 2006).

Neurowissen-schaftliche Befunde

Nach dem der »Direkten Instruktion« zugrunde liegenden Modell der Informationsverarbeitung sollen vom Lehrer sprachlich gefasste bedeutungshafte Informationen an die Schülerinnen und Schüler vermittelt werden, »die in das informationsverarbeitende System des Schülers eindringen, dort in ihrer Bedeutung entschlüsselt, mit Vorwissen verbunden und nach bestimmten Denkregeln verarbeitet werden, um dann als Wissen im Langzeitgedächtnis abgelegt und von dort gegebenenfalls, z.B. in einer Prüfung, abgefragt zu werden. Lernen wird hier als *Instruktion*, als Verarbeitung und Abspeichern des angebotenen Wissens aufgefasst, und es gilt nur, die hierbei beteiligten Mechanismen zu optimieren«, stellt der Neurowissenschaftler Roth (2004) noch einmal fest, um demgegenüber zwei Behauptungen aufzustellen, die wie er selbst sagt, überraschend klingen, aber neuro- und kognitionswissenschaftlich gut belegt werden können: »*(1) Wissen kann nicht übertragen werden; es muss im Gehirn eines jeden Lernenden neu geschaffen werden. (2) Wissensaneignung beruht auf Rahmenbedingungen und wird durch Faktoren gesteuert, die unbewusst ablaufen und deshalb nur schwer beeinflussbar sind«* (S. 496–497).

Nicht nur aber auch wegen der Schwächen der »Direkten Instruktion« verstärkte sich die Suche nach Alternativen. Diese wurden zwar einerseits bewusst als Gegenentwürfe verstanden, weil sie einen grundlegenden Perspektivenwechsel vorschlagen, um das unterrichtliche Lehr-/Lerngeschehen aus der »dirigistischen« Zentrierung auf die Lehrperson zu lösen und dem Lernhandeln der Schüler erhöhte Aufmerksamkeit zu schenken. Andererseits wird kein radikaler Bruch vollzogen. Aufgrund der gesicherten didaktischen Bedeutsamkeit des Modells der Direkten Instruktion für eine Reihe im schulischen Unterricht immer wiederkehrender Lehr-/Lernsituationen würde das Eintreten für einen generellen Verzicht instruktional angelegter Methoden töricht, unverständlich und wissenschaftlich voreingenommen sein. Von daher bedienen sich schüleraktive Lehr-/Lernarrangements selbstverständlich instruktionaler Methodik, soweit das zur Sicherung der Zielerreichung geeignet scheint. Folgerichtig sind *Instruktion* und *Selbstregulation* (bzw. Selbstbestimmung) keine nebeneinander existierenden didaktischen Prinzipien, sondern verweisen aufeinander. Schüleraktiver Unterricht kann seine Stärken nur entfalten, wenn er instruktionale Elemente und Prozesse in sein Modell integriert.

Zusammenhang von Instruktion und Selbstregulation

Eine andere Frage ist damit allerdings noch nicht geklärt, nämlich ob sich das Verhältnis zwischen »Frontalunterricht« und schüleraktivem Unterricht ähnlich entspannt darstellt oder es notwendig ist, anders als gegenüber der Direkten Instruktion zu argumentieren und stärker Abgrenzungen voneinander in den Vordergrund zu stellen.

2.3 Frontalunterricht: Integration in den schüleraktiven Unterricht – im Ausnahmefall

Frontalunterricht nimmt innerhalb des ausdifferenzierten Modells der »Direkten Instruktion« eine Sonderstellung ein, und zwar aufgrund seines methodischen Grundkonzepts. Nach Meyer (1987) handelt es sich beim Frontalunterricht um einen thematisch orientierten und sprachlich vermittelten Unterricht, »in dem der Lernverband (die Klasse) gemeinsam unterrichtet wird und in dem der Lehrer – zumindest dem Anspruch nach – die Arbeits-, Interaktions- und Kommunikationsprozesse steuert und kontrolliert« (1987, S. 183). Noch hinsichtlich des organisatorischen Verfahrens präzisiert findet sich im Handbuch Grundschule von A bis Z (1993) diese Begriffsbestimmung: »Wenn im Unterricht alle Mitglieder einer Lerngruppe/Klasse in gleicher Zeit auf gleichen Wegen mit gleichen

Sonderfall: Frontalunterricht

Inhalten zu gleichen Zielen geführt werden sollen, geschieht das in der Form des stark lehrerzentrierten Frontalunterrichts. Dabei reguliert und kontrolliert der Lehrer bzw. die Lehrerin alle Lehr-, Lern-, Arbeits-, Kommunikations- und Interaktionsprozesse. Seine Aktivität ist groß, die äußerlich sichtbare der Lernenden dagegen gering« (S. 77). Kennzeichnend für Frontalunterricht ist dessen *Lehrökonomie*, die auch den Hauptgrund für seine Verbreitung ausmacht. Das frontale lehrerzentrierte Vorgehen ist auf Klassenverbände bzw. Großgruppen fokussiert, um möglichst vielen Menschen bei optimaler Ausnutzung von Zeit, personellen und sachlichen Ressourcen (wenig Lehrer für viele Schüler, geringerer Raum- und Sachmittelbedarf) wie niedrigem pädagogischen und methodischen Aufwand gleichmäßig viel Wissen »beizubringen« (vgl. zur Kritik Roth 2004). Egalität wird im Frontalunterricht zum Fixstern, auf den sämtliche Aktivitäten gerichtet sind. Gleicher Unterrichtsgegenstand, gleiches Tempo, gleiche Methodik, gleiche Interaktions-, Kommunikations- und Arbeitsformen, gleiche Kontroll- und Übergangsformen, gleiche Zielstellung und Zielerreichung etc. Also ein Unterricht, der durchaus geeignet scheint, wenn eine größere Gruppe instrumentelle Fertig- und Fähigkeiten ausbilden soll, wie z.B. die Sicherheitshinweise in einem Flugzeug zu kennen und anzuwenden oder lernen soll, ein Mikroskop oder einen Feuerlöscher zu bedienen. Solche Unterrichtssituationen sind allerdings selten.

Merkmal: Lehrökonomie

Frontalunterricht ist somit eine besonders rigide Variante neben zahlreichen weiteren innerhalb des differenzierten Modells der »Direkten Instruktion«. Diese ist nicht gleichbedeutend mit Frontalunterricht, sondern ein Oberbegriff für lehrergesteuerte Lern- und Unterrichtsarrangements. Vor diesem Hintergrund müssen all jene Versuche in die Irre führen, über eine Unterscheidung zwischen einem »traditionellen« und einem – wie ich es nennen möchte – »aufgeklärten« Verständnis den Frontalunterricht »modernisieren« zu wollen. Während beispielsweise Meyer (2006) die Auffassung vertritt, dass der Frontalunterricht mit lebendigen Methoden gefüllt werden müsse, um dessen didaktische Funktionalität zu vergrößern, versucht Gudjons (2003) durch sein angeblich neues Konzept des »integrierten Frontalunterrichts«[1] dem selbigen auf

Rigide Variante der »Direkten Instruktion«

---

1 Es richtet »sich auf den Zusammenhang frontalunterrichtlicher Phasen mit eigentätigen, selbstverantworteten und selbstgesteuerten Schülerarbeitsformen (…). Die Aktivitätsformen der Lernenden wachsen dabei in ihrem Anspruchsniveau von der Eigentätigkeit (die auch von der Lehrkraft angeordnet sein kann) über die Selbstverantwortung (bei der die Lernenden ihre Tätigkeiten selbst stärker legitimieren müssen) bis zur Selbststeuerung (in der Freiheit und Verantwortung der Lernenden am höchsten sind – Anm. Jürgens: Was allerdings nicht stimmt, das Niveau würde erst mit der Stufe der Selbstbestimmung erreicht)« (S. 24).

die Sprünge zu verhelfen. Dabei macht er im Grunde nichts anderes, als sich des Modells der »Direkten Instruktion« zu bedienen, um Frontalunterricht in eine affinitive Nähe zu dessen Grundprinzipien zu bringen und damit die Grundlage geschaffen zu haben meint, für eine (wie wir weiter oben herausgearbeitet haben, selbstverständlich mögliche) Integration von Instruktion und Konstruktion (Gudjons 2003, S. 143f.). Wenn man allerdings Frontalunterricht so in das Modell der »Direkten Instruktion« aufgehen lässt, wie es Gudjons vorschlägt, dann würde zum einen jede lehrergesteuerte Interaktion mit einem Lernenden letztlich zu einer frontalunterrichtlichen Situation« werden. Mit der Folge, dass sich der Begriff des Frontalunterrichts bis zur Unkenntlichkeit verzerrte. Auf der anderen Seite stellte sich aber dann die Frage, warum am Begriff des Frontalunterrichts überhaupt noch weiterhin festgehalten werden sollte, statt generell vom Instruktionsunterricht zu sprechen, sobald Lehrersteuerung im Spiel ist. Das würde nicht nur die didaktische Diskussion in vielerlei Hinsicht spürbar erleichtern und entspannen, weil mit dem Modell der »Direkten Instruktion« alles das abzudecken wäre, was mit den Modernisierungsbemühungen zum Frontalunterricht gegenwärtig versucht wird. Außerdem könnte auf vergebliche Imageaktionen für eine eingeschränkt taugliche Sozial- und Unterrichtsform künftig guten Gewissens verzichtet werden.

So eine terminologische Neuregelung würde ein anderes Problem gleich mitlösen, auf das Sacher (2006) in seiner noch druckfrischen Publikation mit dem Titel »Didaktik der Lernökologie« hinweist. Auf der Grundlage einer Lernarten-Systematik, die aus der Unterscheidung authentischen und teilnehmenden, intentionalen und inzidentellen, involvierten und distanzierten sowie unmittelbaren und mittelbaren Lernens resultiert, kommt er zu dem Schluss, dass im Frontalunterricht die Gefahr eines Lernartenchaos bestehe. Somit, so Sacher weiter, zeichnet sich dieser nicht nur durch eine hohe Unsicherheit aus, »ob von den Schülerinnen und Schülern überhaupt gelernt wird. Es bleibt in der Regel auch völlig unklar, auf welche Weise gelernt wird – eine denkbar schlechte Voraussetzung, um Lernprozesse gezielt zu unterstützen« (Sacher 2006, S. 63). Dort wo Gleichheit zum Problem wird, gibt es sie im Frontalunterricht im Übermaß, jedoch da, wo sie »lernförderlich« ist, glänzt sie durch Abwesenheit und lässt eine für die Lernenden verwirrende Mixtur nebeneinander bzw. durcheinander auftretender Lernarten zu. Die Lösung liegt in der Organisation von »adaptiven« Lernarrangements, um den Schülerinnen und Schülern die für sie günstigen Begegnungen mit dem Lerngegenstand zu ermöglichen. Demgemäß soll als Lernarrangement eine Anordnung von Lerneinheiten bezeichnet werden, »die bestimmten Lernern die Bewältigung bestimmter Lernaufgaben ermöglichen und erleichtern soll« (Sacher 2006, S. 107). Weil zur Ge-

Oberbegriff: »Direkte Instruktion«

Lernartenchaos im Frontalunterricht

Adaptive Lernarrangements

staltung von Lernarrangements ein situationsabhängiges Zusammenwirken von »Instruktion« und »Konstruktion« angezeigt sein kann, bestätigt sich in diesem Zusammenhang noch einmal die für schüleraktive Unterrichtsformen typische Komplementarität zwischen Selbstregulation (resp. Selbstbestimmung) und helfender Anleitung.

Bilanzierend für die Grundschularbeit lässt sich festhalten

Die Grundschule als die gemeinsame Schule für alle Kinder der ersten vier Jahre hat eine Doppelaufgabe zu erfüllen, und zwar einerseits das Fundament für künftige Bildung zu legen wie andererseits Hilfe bei der Bewältigung aktueller Lebenswirklichkeit zu leisten. Von daher ist eine Diskussion, ob die Grundschule sich mit ihrem Erziehungs- und Bildungsauftrag nur oder stärker auf das eine oder andere beziehen solle oder könne, völlig überflüssig. »Die Grundschule ist für die Kinder hier und heute da, vermittelt als *grundlegende Bildung* für hier und heute. Die Grundschule ist aber auch die *Grundlage für weiterführende Bildung* jeglicher Art [Hervorhebung – E.J.]. Eines geht nicht ohne das andere. Ziemlich frei nach Kant: Die Zukunft des Kindes ohne erfüllte Gegenwart wäre leer, seine Gegenwart ohne Blick auf die Zukunft blind« (Haarmann 1993, S. 327). Auch wenn die Grundschule die Kinder auf das Lernen und die Bildungserwartungen in den weiterführenden Schulformen vorbereiten muss, kann sie dennoch nicht einfach pädagogisch-didaktische Konzepte, Verfahren und Prinzipien von den nachfolgenden Schulen übernehmen, sondern muss eigene stufenspezifische entwickeln. Hauptsächlich sind es drei Gegebenheiten, die dieser Eigenständigkeit der Grundschule Form und Richtung geben (vgl. Faust-Siehl u.a. 1996, S. 20f.):

Grundlegende Bildung, Basis für weitere Bildungsprozesse *(Randspalte)*

Plastizität *(Randspalte)*

1. Die Kinder befinden sich entwicklungspsychologisch in einem bedeutsamen Alter hoher Plastizität und wichtiger Umorientierungsprozesse zwischen früher Kindheit und Vorpubertät. Die Bildungsangebote und Lernsituationen der Grundschule müssen demgemäß auf diese Entwicklungsdynamik bei gleichzeitiger individueller Unsicherheit und Identitätssuche abgestimmt werden.

Einführung in systematisches Lernen *(Randspalte)*

2. Als Eingangsstufe des Schulwesens erfüllt die Grundschule die Aufgabe, die Kinder an das systematische Lernen in der Schulwelt heran- und einzuführen. Sie mit den Anforderungen und Arbeitsbedingungen einer neuen Umgebung vertraut zu machen und sie zu befähigen, schulisch gewünschtes Lern- und Leistungsverhalten von Anfang an erfolgreich anzuwenden.

3. Die Grundschule ist durch die Vielfalt und Verschiedenartigkeit ihrer Schülerschaft geprägt. Mehr als in jeder anderen Schulform nimmt der Umgang mit Heterogenität größten Raum ein. Dies macht die Entwicklung einer spezifischen Schul- und Unterrichtskultur unter besonderer Berücksichtigung didaktischer Differenzierungskonzepte unabdingbar.

Umgang mit Differenz und Vielfalt

Weil – wie schon angesprochen – Heterogenität der Schülerinnen und Schüler die »natürliche« Ausgangssituation schulisch organisierten Lehrens und Lernens ist, führt zwangsläufig Homogenität voraussetzende Lehrmethodik zu Passungsproblemen und damit zu Unter- und Überforderungssymptomen. Umgang mit Heterogenität kann und sollte allerdings innerhalb einer Institution wie der Schule, der ein auf die demokratische Verfasstheit der Gesellschaft orientierter Erziehungs- und allgemeinbildender Auftrag zugesprochen wurde, einerseits grundsätzlicher und andererseits weitgefasster verstanden werden. »Ohne Offenen Unterricht als Organisationsform ist in den Schulen unserer Gesellschaft Vermenschlichung des Menschen über die optimale Lern- und Persönlichkeitsentwicklung von Kindern, Jugendlichen und Lehrern nicht zu verwirklichen und auf Dauer eine Offene Gesellschaft nicht zu schaffen«, sagt Sehrbrock (1997) mit ein wenig Pathos und der ihm eigenen Überzeugung. Menschen ihre Menschlichkeit (zurück-)gewinnen zu helfen, ist gemäß seiner Auffassung Kernidee von »befreiender« Pädagogik überhaupt, jedoch letztlich innerhalb der Schule nur durch die Realisierung Offenen schüleraktiven Unterrichts einlösbar. Der Achtung der Menschenrechte und der Überwindung der Entfremdung von den eigenen Lern- und Handlungsbedürfnissen kommen beim Gewinn von »Menschlichkeit« fundamentale Bedeutung zu. Weil dem so ist, ist Offenheit zuerst und maßgeblich eine persönliche Disposition, die stark die eigene Persönlichkeitsstruktur, die eigenen pädagogischen Einstellungsmuster und die eigene (berufs-)biographische Identität berührt. Wie Lehrerinnen und Lehrer damit umgehen können, dafür geben die Denk- und Handlungs-Anstöße (!) des Kollegiums der Leineberg-Schule in Göttingen ein gleichermaßen schönes wie aufrichtiges Beispiel (vgl. Wallrabenstein 1991, S. 168):

»Befreiende« Pädagogik

*   »Wenn wir offene Unterrichtsarbeit anstreben, müssen wir auch unsere Zusammenarbeit auf Offenheit hin überprüfen.
*   Wenn wir selbstbestimmtes Lernen fordern, müssen wir uns fragen, wie denn unser selbstbestimmtes Arbeiten aussieht.
*   Wenn wir uns entdeckendes Lernen wünschen, müssen wir uns fragen, wo wir denn selber in unserem Alltag solches praktizieren.

»Offenheit fängt bei uns selber an!«

- Wenn wir schwachen Kindern helfen wollen, müssen wir uns mit unseren eigenen Schwächen auseinandergesetzt haben.
- Wenn wir Kinder mit Lernstörungen beraten wollen, müssen wir über unsere eigenen Arbeitsstörungen nachgedacht haben.
- Wenn wir von den Kindern Konfliktlösung, Gruppenfähigkeit, Einfühlungsvermögen erwarten, müssen wir uns fragen, wie es mit unserer Fähigkeit steht, die Situation einer Kollegin gefühlsmäßig wahrzunehmen, Konflikte anzugehen, selbst lehrergruppenfähig zu werden.
- Wenn wir Ängste, Wut oder Ärger eines Kindes verstehen wollen, müssen wir etwas über unsere Angst, Wut und unseren Ärger wissen.«

2.4 Zusammenhang von Bildung, Lernkompetenzmodell und erweiterten Lehr- und Lernarrangements

In Übereinstimmung mit der Auffassung von Jacques Delors (1997) soll Bildung als ein individueller auf die Gesellschaft orientierter und reflektierter Lern- und Entwicklungsprozess verstanden werden.

Bildungsbegriff

»Bildung ist der Kern der Persönlichkeitsentwicklung und der Gemeinschaft. Ihre Aufgabe ist es, jeden von uns, ohne Ausnahme, in die Lage zu versetzen, all unsere Talente voll zu entwickeln und unser kreatives Potenzial, einschließlich der Verantwortung für unser eigenes Leben und der Erreichung unserer persönlichen Ziele, auszuschöpfen« (S.15).

Auf diesen Bildungsbegriff lässt sich deshalb begründet zurückgreifen, weil er einerseits dem UNESCO-Bericht zur Bildung für das 21. Jahrhundert einführend zugrunde liegt und ihm damit eine europäische Internationalität mit übergreifender Gültigkeit nicht ohne weiteres abzusprechen ist. Andererseits hat Jacques Delors in seiner Eigenschaft als Vorsitzender der Kommission »Bildung für das 21. Jahrhundert« den durch Bildung zu erreichenden gesellschaftlichen Zustand als das wichtigste Ziel von allen bezeichnet.

Die Suche und das Streben nach der »besseren Welt«

»Es zu erreichen, obwohl langwierig und schwierig, wird ein wesentlicher Beitrag zur Suche nach einer gerechteren Welt sein, nach einer besseren Welt, in der es sich lohnt zu leben« (ebd.).

Bleibt zu fragen, welcher schulische Lernbegriff und welches schulische Lernkompetenzmodell – beides ist nicht voneinander zu trennen – herangezogen werden sollte, um diese Bildungsidee zeitgemäß interpretieren zu können. Mit dem Vier-Faktoren-Modell einer »ganzheitlichen« Lernkompetenz (vgl. Abb. 1) wird ein Vorschlag gemacht, der aus der gegenwärtigen schulpädagogischen Diskussion zur schulischen Unterrichtsdidaktik als grundlegend hervorgegangen ist und inzwischen auf breite Akzeptanz bei den bundesrepublikanischen Lehrplankommissionen stößt.

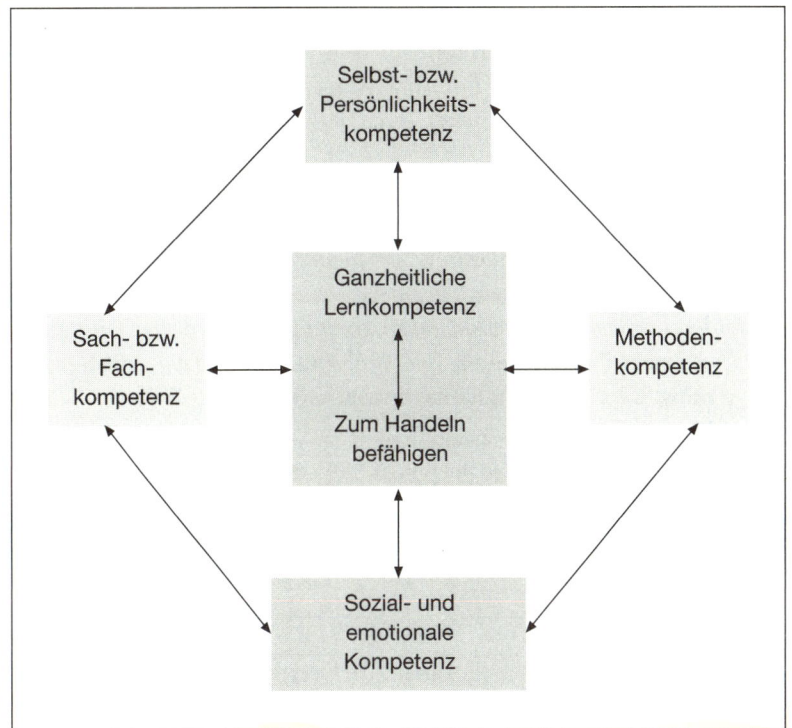

»Ganzheit-liche« Lern-kompetenz

Abb. 1: *Die »ganzheitliche« Lernkompetenz im Feld der Kernkompetenzen (Quelle: vgl. Bildungskommission NRW 1995, S. 82)*

Zunächst entscheidend ist die breite Zustimmung zu diesem Modell als didaktische Zielperspektive schulischen Unterrichts. Es wird endlich zusammen betrachtet, was zusammen gehört. Jedoch sind selbstverständlich auch neue wissenschaftliche Befunde für die Entwicklung dieser Konzeption maßgeblich gewesen, auf die noch genauer im Zusammenhang mit der Darlegung der wissenschaftlichen Argumente für schüleraktive Lehr- und Lernformen eingegangen werden soll. Das Medium, in welchem sich das »ganzheitliche« Lernkompetenzmodell konkretisiert, ist der schulische Lernbegriff, mit dem es einerseits gelingen soll, die vier Kernkompetenzen abzudecken und der andererseits den veränderten gesellschaftlichen Anforderungen an Schule Rechnung tragen soll. Demzufolge dürfte über die nachgenannten vier Schwerpunkte Konsens herrschen (vgl. Bildungskommission NRW 1995, S. 82):

- Entwicklung von Interessen ist ein zentrales Ziel schulischen Lernens.
- Zugewinn von anwendungsbezogenem Wissen und von Handlungskompetenz wird angestrebt.
- Verbindung von individuellem und sozialem Lernen; Möglichkeiten zu emotionalem Lernen werden eröffnet.
- Verzahnung von fachlichem und überfachlichem Lernen; Lernen findet in Zusammenhängen und zur (Lern-)Identitätsfindung statt; jedenfalls in Verknüpfung mit Alltagsfragen und relevanten Alltagsproblemen bzw. übergeordneten gemeinschaftlichen und individuellen Lebensproblemen.

Identität und Selbstkonzept

»Lernsituationen und Lernvorgänge sollen so angelegt sein, dass sie zu Fragen der Grundorientierung, der Identitätsfindung und der Befähigung zur Auseinandersetzung mit Grundwerten und Normen herausfordern, sodass die Urteilsfähigkeit gegenüber persönlichen und gesellschaftlichen Fragestellungen und Problemen entwickelt, gefördert und geschärft wird« (Bildungskommission NRW 1995, S. 84).

Schüleraktive Lehr- und Lernarrangements sollten so didaktisch konzipiert und organisiert werden, dass möglichst viele Aspekte des schulischen Lernbegriffs und somit der korrespondierenden Kernkompetenzen der »ganzheitlichen« Lernkompetenz angesprochen werden.

2.5 Von der Lehr-Lern-Illusion zur Lernkultur

Paradigmawechsel

Bekanntlich ist Unterricht ein sehr komplexes Gebilde. Zweifelsohne ist die Persönlichkeit der Lehrkraft, vor allem deren psychosoziale Kompetenz für das Gelingen von Unterricht wichtig, aber selbstverständlich auch weitere berufliche Kompetenzen. Ebenso hängt der Lernerfolg der Schülerinnen und Schüler davon ab, von welchen didaktischen Modellen Lehrerinnen und Lehrer überzeugt sind und wie ihnen deren praktische Konkretisierung glückt. Jedoch erst die Komposition aller dieser Teilelemente (von denen nur einige aufseiten der Lehrkraft genannt wurden) zu einem Ganzen macht aus Lehr-/Lernarrangements Unterricht.

Kurz

Das Unterrichtsgeschehen in seiner gesamten pädagogischen und systemischen Komplexität wirkt und ermöglicht oder verhindert Aneignungsaktivitäten.

Wenn trotz dieser Erkenntnis in einschlägiger Fachliteratur[1] der diesem Sachverhalt rechnungstragende Begriff der »Lernkultur« mitunter völlig unberücksichtigt bleibt, so hat das vermutlich nicht allein oder hauptsächlich seinen Grund darin, dass es sich bei diesem Terminus um eine relativ junge und damit noch nicht durchgängig etablierte pädagogische Kategorie handelt (vgl. Arnold/Schüßler 1998), sondern vielmehr darin, dass die meisten Didaktikmodelle, die übrigens noch bis heute die Ausbildungssituation der Lehramtsstudierenden und Referendare nachhaltig prägen, ebenso wie auch die Reformen zur Qualitätssicherung und -verbesserung des deutschen Schulsystems mithilfe der Einführung von lernproduktbezogenen Leistungsstandards (euphemisch Bildungsstandards genannt) überwiegend von einem linear-mechanistischen Lehr- und Lern-Verständnis ausgehen (der klassische Frontalunterricht ist dafür ein allgegenwärtiges Beispiel). Die Lernkultur-Perspektive eröffnet demgegenüber einen erweiterten, systemischen Blick auf das (schulische) Lernen und erschließt die »eigentlich bedeutsamen Wirkdimensionen von Lehr-Lern-Prozessen«. Darüber hinaus hilft sie, »zahlreiche Illusionen und Wirkungshoffnungen so mancher mechanistischer Lehr-Lern-Entwürfe zu erkennen« (vgl. Arnold/Schüßler 1998, S. 11), u.a. die Einsicht, dass das was tatsächlich als Ergebnis (schulischer) Lernprozesse herauskommt, Resultat äußerst komplexer Wirkungszusammenhänge ist, nicht jedoch ein Output, der durch den Lehr-Effekt allein – und vielleicht noch nicht einmal vorrangig – ausgelöst worden ist. Durch eine systemische Betrachtungsweise wird der Vernetztheit der handelnden Akteure Rechnung getragen. Die Schülerinnen und Schüler werden als (Mit-)Produzenten der komplexen Wirkungszusammenhänge begriffen und tragen anteilmäßig Verantwortung für das Zustandekommen von Prozessen und Ergebnissen, die bestimmten Qualitätsansprüchen und Qualitätsstandards entsprechen sollen (können).

Eine (funktionierende) Lernkultur ergibt sich aus dem (gelungenen) Zusammenspiel bestimmter Verhaltens- und Umgangsformen, denen »ausgesprochen oder unausgesprochen spezifische Werte und Normen zugrunde liegen« (Arnold/Schüßler 1998, S. 3). Eine (Lern-)Kultur ist demnach nichts, das einfach wächst, das einfach da ist, sondern etwas, das wir herstellen, indem wir uns im Medium des Findens, Erfindens und Gestaltens bewegen (vgl. Mittelstraß 2002, S. 155). Auch unter der Maßgabe, dass die spezifischen Wahrnehmungs- und Deutungsmuster der handelnden Akteure über Interaktionen und Kommunikationsprozesse fortdauernd reproduziert werden, enthält jede (Lern-)Kultur eine

Lernkultur

Kritik an mechanistischem Lehr-Lern-Verständnis

Lernkulturdynamik

---

1 U.a. gilt dies für das Handbuch Grundschulpädagogik und Grundschuldidaktik hrsg. von Wolfgang Einsiedler et al. Bad Heilbrunn: Klinkhardt Verlag 2001 und die jüngste Publikation von Hilbert Meyer: Was ist guter Unterricht. Berlin: Cornelsen Verlag Scriptor 2004.

mehr oder weniger große Eigendynamik und erweist sich bis zu einem gewissen Grad als zukunftsoffen.

2.6 Lernkultur: Begriffsbestimmung

Weinert (1997) zum Beispiel setzt beim Begriff der Kultur und des kulturellen Wandels an. Er überträgt diese gesellschaftstheoretische Kategorie auf das schulische Lernen, indem er unter einer Lernkultur die Gesamtheit der für eine bestimmte Zeit typischen Lernformen und Lehrstile sowie die ihnen zugrunde liegenden anthropologischen, psychologischen, gesellschaftlichen und pädagogischen Orientierungen subsumiert (Weinert 1997, S. 12). Hiernach bestimmt sich eine Lernkultur aus der Qualität der Lerninhalte und der Lernmöglichkeiten, der (räumlichen) Lernumgebung, dem (fremdgesetzten/selbstbestimmten) Anforderungsniveau, den (objektiven/subjektiven) Erfolgschancen sowie der Förder- und Unterstützungsstrukturen und berücksichtigt das Unterrichts- und Klassenklima als wichtigen Umweltfaktor, der ebenfalls von der Ausprägung der Interaktions- und Beziehungsstrukturen abhängig ist und somit ebenfalls eine gewisse Eigendynamik aufweist. Holtappels (1995) Erklärungsversuch bezieht vergleichbare Komponenten ein, wie die Formen der Lernarrangements und der Lernorganisation, der Gesamtheit des Lernangebots und der Lernmöglichkeiten, die Qualität der didakti-

Lernkultur als soziale Realität schen Fundierung und methodischen Differenzierung (vgl. Weinert 1997, S. 12). Fasst man die Aussagen beider Definitionen zusammen, so sind Lernkulturen in und durch Lehr-/Lernsituationen sowie Interaktions- und Kommunikationsprozesse(n) *»immer wieder aufs Neue hergestellte Rahmungen, die ihren Gruppenmitgliedern spezifische Entwicklungsmöglichkeiten bieten, andere aber vorenthalten«* (Arnold/Schüßler 1998, S. 5). Lernkulturen bieten somit Orientierung, lassen aber auch gleichzeitig stets eine bestimmte soziale Realität entstehen.

Auf einen wichtigen, über die unmittelbaren Symbolisierungsformen des Unterrichts hinausweisenden Gesichtspunkt machen Arnold und Schüßler (1998) aufmerksam. Weil der von ihnen verwendete Lernkulturbegriff alle Aspekte mit einbeziehen soll, die letztlich das Lerngeschehen prägen, gehen sie davon aus, *»dass* [demzufolge – E.J.] *die über eigene Lernprozesse biographisch erworbenen ›Selbstverständlichkeiten‹ immer wieder reinszeniert werden und so unterschwellig prägend auf das Lehr-Lern-Geschehen wirken, ohne dass die handelnden Subjekte bei dem, was sie tun oder erleben, immer wieder auf das Neue darüber nachdenken und reflektieren, ob die dabei gewählte Form eigentlich die optimale ist oder lediglich eine ritualisierte Fortschreibung überlieferter Muster darstellt«* (Arnold Schüßler 1998, S. 7)[1]. Das gilt übrigens sowohl für die Lehrenden und Lernenden und erklärt beispielsweise wahrscheinlich auch so manchen verhaltensbedingten Widerstand gegenüber Veränderungen bzw. Veränderungsangeboten (vgl. Schmidt 2005).

2.7 Wandel der schulischen Lernkultur(en)

Eine (grundlegende) Veränderung der schulischen Lernkultur kann von innen oder außen, selbstverständlich auch durch das Zusammenwirken innerer und äußerer Kräfte erfolgen. Nach Auffassung von Weinert hat der Wandel der Lernkultur insbesondere mit der Revision der psychologischen, pädagogischen und didaktischen Orientierungen seit Anfang der 80er-Jahre starke Impulse erhalten, und zwar deshalb, weil nicht mehr das Lernen und Lehren, sondern der lernende Schüler in den Mittelpunkt der wissenschaftlichen Forschung rückte.

Den Wandel gestalten

> »Ging es anfangs vor allem um das lernende Individuum, so geht es zunehmend mehr um den Lernenden in einem sozialen Kontext (...). Anstelle der traditionellen Lehrmethoden, der Lehrerdominanz, dem Lerndrill und der materiellen Bildung soll nunmehr eine humane, kindgerechte, demokratische Lernkultur verwirklicht werden« (Weinert 1997, S. 14).

Mit diesem Lernkulturbegriff verbindet sich das Bemühen, das Lehr-Lern-Geschehen aus der Dominanz des Lehrerverhaltens als Bestimmungsgröße zu lösen und das Lernhandeln der Lernenden stärker in den Vordergrund zu stellen« (Weinberg 1999, S. 98).

Akzentuierung des Lernhandelns

Dagegen soll die »neue« Lernkultur ein andere Schwerpunkte setzendes Lernverständnis zum Ziel und Inhalt haben. Dieser als erweitert zu bezeichnende Lernbegriff soll sich in anders gestalteten Lernsituationen ausdrücken, in denen fachliches und überfachliches Lernen, individuelle und soziale Erfahrungen, Praxisbezug und die Einbeziehung des gesell-

---

1 Wie der Neurobiologe Gerald Hüther (2004) eindrucksvoll beschreibt, wird unser Gehirn durch »innere Bilder« geprägt, die auf das Leben der betreffenden Person bestimmend und formend wirken. »Wie die einmal angelegten inneren Bilder im Hirn eines einzelnen Menschen können auch einmal entwickelte kollektive Vorstellungen bisweilen sehr stabil und rigide werden. Sie lassen sich oftmals selbst dann nicht mehr öffnen und erweitern, wenn sie mit dem unvermeidlichen Zustrom neuer Wahrnehmungen und Erkenntnisse längst nicht mehr vereinbar sind« (S. 81).
Vgl. zum Einfluss von Emotionen auf das menschliche Verhalten die Studie von Jutta Standop (2002).

schaftlichen Umfeldes miteinander verzahnt werden[1]. Außerdem zeichnet sich die Lernkultur in einer Schule, die als ein »Haus des Lernens« verstanden werden soll, durch eine besondere Qualität der Lernprozesse aus, die in deren Komplettierung gesehen wird. »Vollständige Lernprozesse umfassen mehrere Phasen oder Stufen: Aufgaben- und Problemorientierung, genaue Formulierung von Absichten und Zielen, klare Definition der Aufgaben oder Probleme, zielorientierte Bearbeitungsprozesse und Überprüfung von Lösungen« (Bildungskommission NRW 1995, S. 83).

Arnold und Schüßler (1998) begründen den Wandel der Lernkultur anhand von drei Thesen:

1. These 1. »Nicht nur das ›Was?‹, d.h. der Inhalt bzw. Lehrplan, sondern auch das ›Wie?‹ von Lernen prägt die Lernresultate. Neben der Inhaltsfrage gewinnen die Gestaltung der Lernumgebung sowie die lernförderliche Inszenierung des Unterrichts (methodisches Setting) an Bedeutung.

2. These 2. Der ›Heimliche Lehrplan‹, das implizite Lernen – beeinflusst in starkem Maße das Lehr-Lern-Geschehen und mithin das, was gelernt wird. Durch die bewusste Gestaltung des Kommunikations- und Interaktionsverhaltens im Unterricht kann eine Gesprächskultur geprägt werden, die den Erwerb von personalen und sozialen Kompetenzen unterstützt.

3. These 3. Durch die Illusion der Machbarkeit von Lernen werden die Aneignungsaktivitäten der Lernenden eher behindert als gefördert. Notwendig ist der Wandel von einer objektiven Instruktionstheorie hin zu einer subjektiven Aneignungstheorie des Lernens« (Arnold/Schüßler 1998, S. 8f.).

Vor allem mit der zweiten und dritten These wird noch einmal auf die Problematik des eher mechanistischen Verständnisses von Lehren und Lernen hingewiesen. Es wird nämlich nicht nur das gelernt, was gelehrt wird und schon gar nicht, wird nur gelernt, wenn gelehrt wird. Außerdem werden quasi auf dem Rücken des offiziell in der Schule Gelehrten und Zu-Lernendem zusätzliche prägende Lernerfahrungen gemacht, die allerdings auf das explizite Lehr-Lern-Geschehen in unterschiedlicher Weise (positiv/negativ) zurückwirken.

---

1 Weiter sollen Lernsituationen und Lernvorgänge so angelegt sein, »dass sie zu Fragen der Grundorientierung, der Identitätsfindung und der Befähigung zur Auseinandersetzung mit Grundwerten und Normen herausfordern, so dass die Urteilsfähigkeit gegenüber persönlichen und gesellschaftlichen Fragestellungen und Problemen entwickelt, gefördert und geschärft wird« (Bildungskommission NRW 1995, S. 84).

Zusammenfassend kann konstatiert werden, dass mit dem (geforderten) Wandel der Lernkultur einerseits ein tieferes und realistisches Verständnis schulischen Lernens angebahnt werden soll, indem Lernen »systemisch« betrachtet und aus der schulischen Standardsituation der Lehr-Lern-Illusion gelöst wird. Dazu ist dann auch die Verminderung der Lehrerdominanz zu zählen. Andererseits indem das schulische Lernen inhaltlich verändert wird, neue Schwerpunkte gesetzt und Erweiterungen wie neue Verbindungen vorgenommen werden. Allen Ansätzen gemeinsam ist die Überzeugung, Schülerinnen und Schüler zu Akteuren ihres Lernens zu machen, Lernen als »autopoietischen« Prozess aufzufassen. Von daher ist es pädagogisch nahe liegend, wenn in einer gewandelten Lernkultur die Idee und das Methodensetting des schüleraktiven Unterrichts grundlegende Bedeutung gewinnt. Schließlich konzentriert sich dieser Didaktikansatz auf die prinzipielle Selbstorganisation bzw. Selbstregulation (bis hin zur Selbstbestimmung) des Lernens in (komplexen) Zusammenhängen.

Autopoiese des Lernens

So genannte »Angebots-Nutzungs-Modelle« greifen diese neueren unterrichtswissenschaftlichen Erkenntnisse auf. Sie tragen der Tatsache Rechnung, dass sowohl das Lehrer- als auch das Schülerverhalten jeweils Ausdruck »interpretativ und zielgesteuerter« Verarbeitungsprozesse ist und deshalb weder von einer generellen noch »mechanisierbaren oder automatisierbaren Produktion« von Unterrichtsqualität bzw. -wirksamkeit ausgegangen werden kann (vgl. Hofer u.a. 1993, S. 221f.).

Angebots-Nutzungs-Modelle

Helmke (2003) beispielsweise unternimmt den Versuch, die von der Wirksamkeitsforschung identifizierten Qualitätsmerkmale und -faktoren (die grundsätzlich auch für schüleraktiven Unterricht gelten) »in ein umfassendes Modell der Wirkungsweise und Zielkriterien des Unterrichts zu integrieren« (vgl. Abb. 2), um so die möglichen Mediationsprozesse bzw. Zusammenhänge zwischen den Faktoren der Schulwirksamkeit (wie u.a. Anspruchsniveau des Unterrichts, Erwartungsverhalten von Lehrenden) und dem tatsächlichen Lern- und Leistungsverhalten bzw. -erfolg der Schülerinnen und Schüler zu verdeutlichen (vgl. Helmke 2003, S. 41).

Ob und inwieweit die Schüler das Unterrichtsangebot der Lehrkraft in Anspruch nehmen (wollen oder können), hängt insbesondere »von zweierlei Typen von vermittelnden Prozessen auf Schülerseite« ab: »(1) … ob und wie Erwartungen der Lehrkraft und unterrichtliche Maßnahmen von den Schülern überhaupt wahrgenommen und wie sie interpretiert werden und (2) ob und zu welchen motivationalen, emotionalen und volitionalen Prozessen sie auf Schülerseite führen« (Helmke 2003, S. 41). Weil beide Bedingungskontexte entscheidend durch die individuellen Eignungsvoraussetzungen der Lernenden beeinflusst werden,

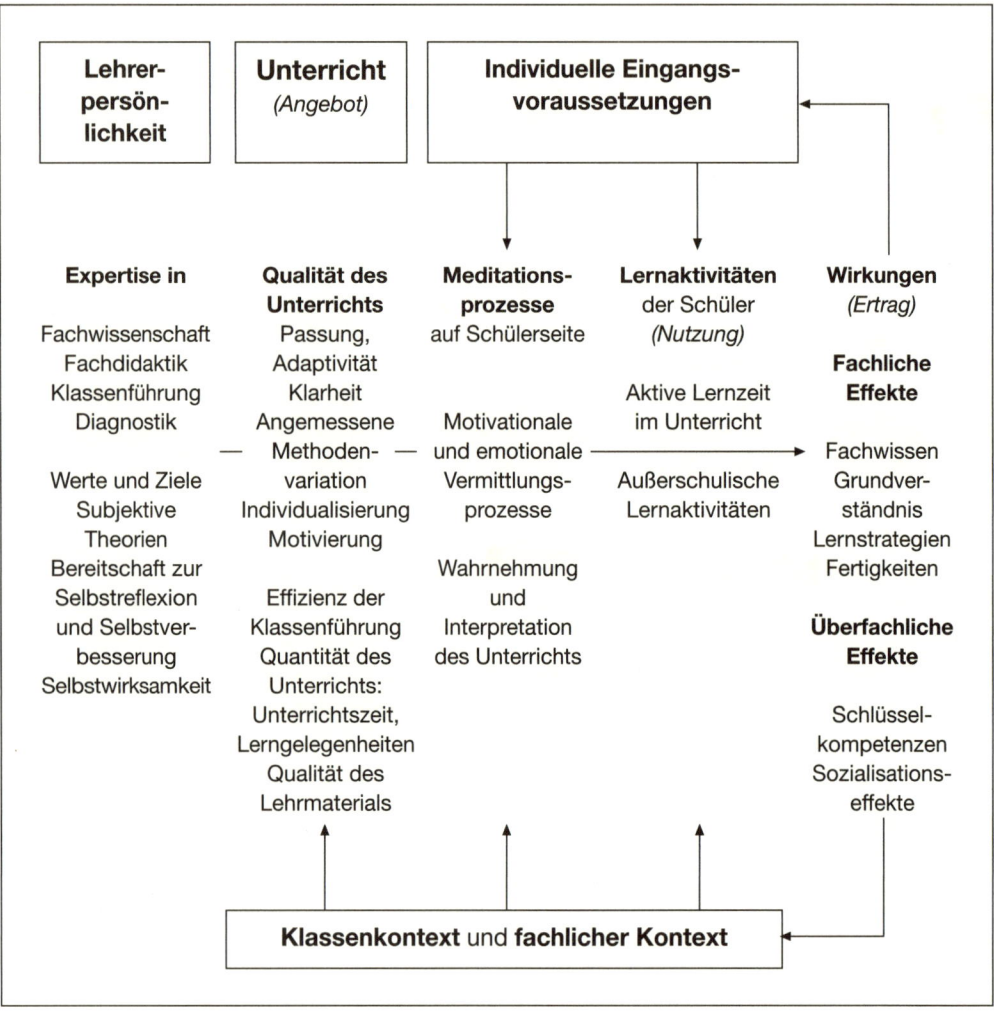

Abb. 2: *Grundschema von* Angebots-Nutzungs-Modellen
(Quelle: Helmke, Andreas: Unterrichtsqualität, 4. Auflage 2005
© 2003 Kallmeyersche Verlagsbuchhandlung GmbH, Seelze-Velber)

können Angebots-Nutzungs-Modelle ihre Wirksamkeit nur entfalten, wenn dem »übergeordneten Universalprinzip der Passung« in allen unterrichtlichen Anforderungsbezügen entsprochen wird. Aufgrund der von der Unterrichtsforschung konstatierten existenziellen Relevanz des

Passungs- Passungsprinzips für die Gestaltung effizienter und effektiver Förderung
prinzip lässt sich schlussfolgern, dass sich Professionalität und Legitimation des Lehrerhandelns in diesbezüglichen pädagogisch-didaktischen Kompetenzen beweist und auszeichnet.

2.7.1 Passung und Adaptivität

Die Begriffe der »Passung« und der »Adaptivität« werden zwar oft synonym verwendet, weisen jedoch trotz unübersehbarer Überschneidungen auch Differenzen auf, und zwar weil sie unterschiedlich weit ausgelegt werden. Während sich »Passung« vor allem auf den Schwierigkeitsgrad bzw. das Anspruchsniveau von Lerninhalten und Aufgabenstellungen bezieht (vgl. Heckhausen 1974, S. 584), kann mit dem umfassenderen Verständnis der »Adaption« grundsätzlich eine Modifikation des gesamten Lehr-/Lernarrangements gemeint sein (vgl. Hasebrook 2001, S. 13). Lernsituationen und Lernvorgänge sollen demzufolge so angelegt sein, dass die Kinder mit ihren (fachlichen/überfachlichen) Vorkenntnissen, ihrem methodisch-strategischen Repertoire und ihrer motivationalen Problemorientierung »anschlussfähig« sind.

Anschluss-fähigkeit des Wissens

Mit den Konzepten von Passung und Adaptivität werden Handlungsbegründungen entwickelt, die darauf abzielen, eine konstruktive Brücke zwischen »Fordern« und »Fördern« zu schlagen. Es ist nämlich ganz und gar nicht so, dass in unseren Schulen generell zu hohe Forderungen an die Schüler gestellt würden. Auch weniger hohe Forderungen können schon zum Versagen von Kindern führen, beispielsweise wenn zwischen Forderungsanspruch und schulischer Unterstützungsleistung ein Bruch besteht. Das Verhältnis von »Fordern« und »Fördern« auszubalancieren bedeutet dementsprechend, durchaus »hohe« fachliche Anforderungen an die Lernenden zu stellen, aber zugleich den Voraussetzungen der einzelnen Kinder sowie der Lerngruppe Rechnung zu tragen. Des Weiteren nutzt die Lehrkraft »die Unterrichtszeit so gut wie möglich für die Arbeit am Stoff, versteht es aber zugleich, den Unterricht an den Fähigkeiten der Lernenden anzupassen« (Rüesch 2001, S. 13f.).

Fördern ist per se Fordern

2.7.2 Adaptive Fördermodelle

Zwar ist die Bereitstellung zusätzlicher »Lernzeit« substanziell geeignet, um Fördergelegenheiten erfolgreich zu gestalten, jedoch sollte zwischen Angebot (zugestandene Lernzeit) und (den Nutzungsmöglichkeiten) tatsächlicher Lernzeit (effektive Lernzeit) unterschieden werden. Prinzipiell können langfristige Wirkungen einer (individuellen) Lernzeitverlängerung letztlich nur dann erwartet werden, wenn gleichzeitig auch tatsächlich »auf die individuellen Ursachen für Lernschwierigkeiten« des Schülers eingegangen wird bzw. diese behoben werden (Küspert 2001, S. 15ff.). Beispielsweise verspricht die Einhaltung folgender Kriterien schon beachtliche Verbesserungen:

Förder-prinzipien

- Die Aufgaben, die von Schülern im Rahmen des Förderunterrichts bearbeitet werden sowie die Unterstützungs- und Hilfeleistungen vonseiten der Lehrkräfte sollten gezielt bzw. »spezifisch die Bereiche betreffen, in denen die Schüler zentrale Defizite haben; dazu müssen bestimmte diagnostische Tests durchgeführt werden.
- Die Förderung sollte möglichst früh beginnen, (…) nicht erst, wenn ›das Kind schon in den Brunnen gefallen ist‹ und die Förderung nur noch als Strafe empfunden werden kann.
- Die Gruppen, in denen an diesen Aufgaben gearbeitet wird, sollten etwa vier Schüler umfassen.
- Es sollten Unterrichtsmaterialien bzw. Spiele eingesetzt werden, die wissenschaftlich erprobt sind und die den Kindern Spaß bereiten« (Wellenreuther 2005, S. 159f.).
- Im Gegensatz dazu verhält sich allzu oft noch die gängige schulische Alltagspraxis. »Schaut man sich die Förderstunden genauer an, (…) müssen (wir) immer wieder eine Reihe von Mankos feststellen:
- Vielfach werden Kinder mit unterschiedlichen Problembereichen (Lesen, Schreiben, Rechnen, Sprachverständnis) in den Fördergruppen zusammengewürfelt.
- Oftmals sind die Gruppen (…) für eine effiziente Förderung der einzelnen Kinder zu groß.
- Vielfach kommen Kinder erst dann in eine Fördergruppe, wenn sie bereits große Schwierigkeiten mit dem schulischen Lernen haben, (…) nachdem bereits ein ernstes Versagen eingesetzt hat. (…)
- Die inhaltliche Arbeit in den Fördergruppen bezieht sich vielfach auf reines Wiederholen des durchgenommenen Stoffs = Lernzeitverlängerung. (…)
- Unsere Erfahrungen zeigen, dass die Kinder die Teilnahme an diesen Gruppen häufig sogar als Strafe erleben. Sie fühlen sich nicht individuell betreut und sehen auch keinen Erfolg für sich selbst« (Küspert 2001, S. 15f.).

In Abweichung bzw. in Ergänzung zum Förder- und Kompensationsmodell setzt das *Präferenzmodell der Adaption* auf bereits vorhandene bzw. besonders ausgeprägte Fähigkeiten des Lerners, indem es diese als Ansatzpunkte der Förderung nutzt und somit auf dessen Stärken aufbaut. Mit dem Konzept der Präferenz werden didaktische Handlungsmöglichkeiten verbunden, mit denen es gelingt, Unterrichtsinhalte, organisatorische und/oder thematische Strukturen, Präsentationsarten, Veranschaulichungsmittel etc. beispielsweise an den bevorzugten Lernstil des Kindes oder dessen Art der Informationsverarbeitung anzupassen (vgl. Salomon 1975).

2.8 Interdisziplinärer Argumentationskontext schüleraktiven Unterrichts

Nachweislich haben schüleraktive Unterrichtsformen ihre historischen Wurzeln insbesondere in der klassischen reformpädagogischen Bewegung, die ihren Höhepunkt in den ersten 30 Jahren des vergangenen Jahrhunderts hatte. Darüber hinaus sind allerdings geschichtlich viel weiter zurückliegende Beispiele bekannt geworden, beispielsweise im Zusammenhang mit der Klärung des historischen Ursprungs der Projektmethode, die darauf schließen lassen, dass es wohl schon immer Bestrebungen gab, die Kunstfigur des »schulischen« Lernens sowohl als eine solche zu begreifen und zu akzeptieren als auch gleichzeitig die Distanz zwischen dieser »Künstlichkeit« und dem »Leben« mit seinen »natürlichen« Lernsituationen nicht zu groß werden zu lassen. Dahinter verbargen sich unterschiedliche Motive. Aus heutiger wissenschaftlicher Sicht interessiert vor allem die Frage nach der Lernwirksamkeit, d.h. wie Schülerinnen und Schüler erfolgreich lernen können, um die an sie gestellten, gesellschaftlich begründeten Anforderungen entsprechend ihren individuellen Voraussetzungen »optimal« bewältigen und lösen zu können. Um welche wissenschaftlichen Argumentationslinien es sich dabei handelt, lässt sich der folgenden Übersicht entnehmen.

Reformpädagogische Klassik als historischer Hintergrund

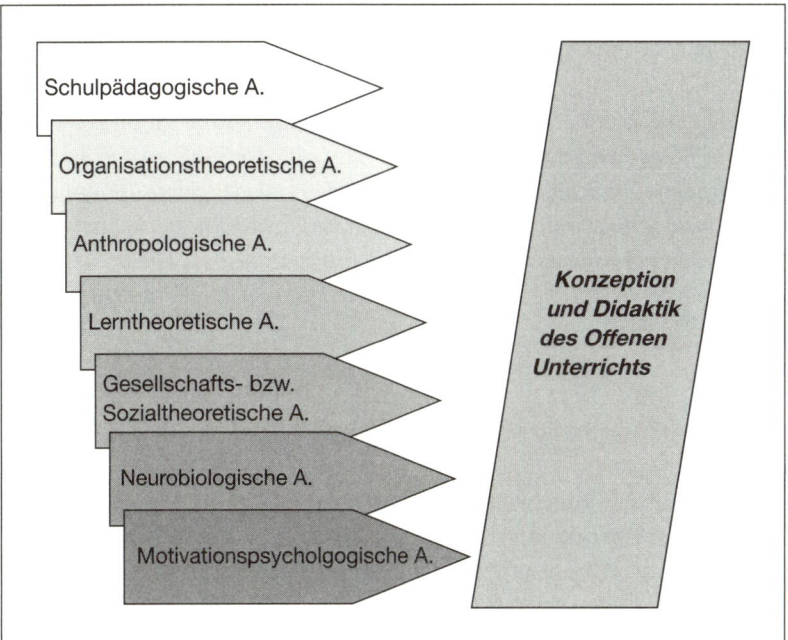

Abb. 3: *Argumentationslinien für den schüleraktiven Unterricht*

2.8.1 Schulpädagogische Argumente

Schulisches Lernen und schulische Bildung sollen von ihrer immer wieder beklagten fachlichen und »kognitiven« Engführung entbunden werden, indem übergreifender und stärker in Zusammenhängen gearbeitet wird. Persönlichkeitsbildung und Wissensvermittlung sollen ebenso miteinander verbunden werden wie fachliches mit überfachlichem und kognitives mit emotionalem und sozialem Lernen. In einigen wenigen Stichworten zusammengefasst bezieht sich die gegenwärtige Schulkritik auf Aspekte wie:

Einseitigkeiten vermeiden

- zu viel Fach(-lichkeit) / zu wenig fächerübergreifendes Denken, Arbeiten und Anwenden,
- zu viel Verbal-Kognitives / zu wenig Emotionales, Handwerklich-Künstlerisches etc.,
- zu viel Zwang und zu viele Vorgaben / zu wenig Eigenverantwortlichkeit und Selbstorientierung,
- zu viel Zukunft (Propädeutik) / zu wenig Gegenwart,
- zu viel verständnisloses, bloß reproduzierendes Lernen / zu wenig bedeutungsvolles, tiefes Lernen,
- zu viel Selektion, zu wenig Umgang mit Heterogenität.

In ihrem berechtigten Ziel, verbindliche Lehrpläne erfüllen zu wollen, gerät

Den Menschen nicht vergessen

»die Schule auf ihrer unablässigen Gratwanderung zwischen Stoffen und Menschen zeitweise zu sehr auf die Seite der Stoffe, wo sie die Schülerinnen und Schüler aus dem Blick verliert. Das Ergebnis ist dann, dass zu viele Schülerinnen und Schüler der Schule den Rücken kehren, indem sie in der Stunde nicht aufpassen oder ihr fernbleiben. Die unvermeidliche Gegenbewegung sorgt dann wieder für die Annäherung« (Krüger 1991, S. 24).

2.8.2 Organisationstheoretische Argumente

Charakteristisch für ein demokratisch geprägtes Miteinander ist die gegenseitige Übernahme von Verantwortung und der Abbau wie die Vermeidung unbegründeter bzw. ungerechtfertigter Autoritäts- und Machtverhältnisse. Ebenso wesentlich für ein demokratisches Zusammenleben ist die Legitimation von Autorität und Macht, wozu ebenfalls die Transparenz bestehender Machtverhältnisse eine grundsätzliche Voraussetzung darstellt.

Die richtige Forderung nach Verstärkung anwendungsorientierten Lernens in der Schule bedeutet die aktive Einübung in und Verpflichtung auf demokratisches Handeln selbst zum Grundprinzip schulischen Unterrichts zu machen. Die Fähigkeit, für sich selbst Verantwortung zu übernehmen und sich für andere verantwortlich zu fühlen bzw. ihnen Verantwortung zuwachsen zu lassen, ist ein wichtiges Segment eigener Identitätsfindung und des demokratischen Zusammenlebens. Das Lernen, Verantwortung tragen zu können, ist ein zentrales Element schüleraktiven Unterrichts. Machtabbau aufseiten des Lehrenden wird u.a. durch eine grundlegende Veränderung der Interaktions- und Kommunikationsstruktur erreicht, indem Lehrerinnen und Lehrer aus ihrer zentralistischen Rolle des allein den Wissensvermittlungsprozess Steuernden »heraustreten« und damit mehr Freiräume »für sich und die Schülerinnen und Schüler gewinnen. Schüleraktive Unterrichtssituationen und -prozesse sollen so angelegt sein, dass Selbst- und Mitbestimmungsmöglichkeiten auf allen unterrichtlichen Ebenen, d.h. der organisatorisch-strukturellen, der methodisch-strategischen und der inhaltlich-fachlichen bzw. überfachlichen, den Schülerinnen und Schülern eingeräumt werden«.

Demokratie-kompetenz als Bildungsaufgabe

2.8.3 Anthropologische Argumente

»Kinder und Jugendliche sind nicht zuerst unterrichtsbedürftige Wesen, sondern zuallererst sind es Menschenkinder«, so hat es einst der Reformpädagoge Peter Petersen (1884–1952) formuliert und damit ausdrücken wollen, dass die Beachtung menschlicher (Grund-)Bedürfnisse für das Gelingen schulischen Lernens sehr wichtig ist. Hingegen führt eine Geringschätzung derartiger Bedürfnisse zu Lern- und Verhaltensstörungen; bei einer stärkeren und dauerhaften Vernachlässigung kommt es darüber hinaus zu mehr oder weniger gravierenden Beeinträchtigungen der gesamten Persönlichkeitsentwicklung. Da die Schulzeit eine zwar zeitlich begrenzte, aber überaus wichtige Episode im Sozialisationsprozess des Heranwachsenden ist, sollten in dieser Zeit die positiven Einstellungen gegenüber Lernen und Bildung entwickelt werden, damit beispielsweise eine Schlüsselkompetenz wie die des lebenslangen Lernens nicht trotz, sondern aufgrund von Schule entsteht.

Vernachlässigung »unbequemer« anthropologischer Erkenntnisse

> »Die in der Schule aufgebaute individuelle Wissens- und Kompetenzgrundlage bestimmt weitgehend, wie im Laufe des Lebens mit einer gewissen Wahrscheinlichkeit weitergelernt werden kann« (Bildungskommission NRW 1995, S. 85).

Achtung:
Grundbedürf-
nisse

Dementsprechend bzw. dem vorausgehend sollte schulisches Lernen »menschengemäß« erfolgen, indem dieses nicht in Widerspruch zu menschlichen Grundbedürfnissen gerät.

Kinder und Jugendliche brauchen:

- Würde;
- Selbstachtung;
- Gerechtigkeit;
- (auch einen) geschützten Raum, d.h. Stille und Zurückgezogenheit;
- die Entfaltung in allen Grunddimensionen menschlicher Fähigkeiten;
- Zuwendung und Geborgenheit sowie Verständnis, d.h. das Gefühl des Angenommenseins in ihrem So-sein;
- Anerkennung und Lob.

Möglichkeiten und Freiräume

- zum selbstständigen Handeln, zum selbstständigen Ausprobieren;
- um eigene Erfahrungen zu machen, um Neugier (aus-)leben zu können;
- um sinnvoll Leisten zu können;
- um Selbstverantwortung erlernen und Verantwortlichkeit zeigen zu können, um eigene Ordnungen und Regeln finden und setzen zu können;
- um (spontan) Ausdruck der inneren Befindlichkeit äußern zu können;
- um Bewegung (aus-)leben zu können.

»Die Bedürfnisse nach Wissen und Verstehen können in später Kindheit vielleicht stärker noch als beim Erwachsenen beobachtet werden. Außerdem scheinen sie ein spontanes Reifungsprodukt zu sein, und nicht des Lernens, wie immer es definiert wird. Kinder muss man nicht lehren, neugierig zu sein. Aber sie »können durch Institutionalisierung lernen, ›nicht‹ neugierig zu sein« (Maslow 1991, S. 78).

2.8.4 Lerntheoretische Argumente

Moderne Lerntheorien betonen die selbstmotivierende, aktive und konstruktive Rolle des Lernenden.

»Obwohl passives, rezeptives Lernen keineswegs so unwirksam ist, wie zur Zeit oft behauptet wird, gibt es viele Unterrichtsziele, zu deren Erreichung ein aktives und konstruktives Lernen notwendig ist. Damit sind nicht äußere Aktivitäten gemeint; es geht vielmehr darum, dass sich Schülerinnen und Schüler mit den Lerninhalten und mit den Lernsituationen aktiv auseinandersetzen und ihr eigenes Wissen konstruktiv aufbauen« (Weinert 1999, S. 100).

Betonung des Aktivitäts-axioms

Das lernkonstruktivistische Prinzip, demzufolge Wissen aktiv erworben und individuell konstruiert wird, steht nicht im Widerspruch zu Organisationsformen der direkten Instruktion. Denn gemäß den theoretischen Axiomen (Grundsätzen) der modernen Lerntheorien ist es fraglich, ob es überhaupt passives, nicht eigenaktives Lernen geben kann. Rezeptiv, reproduzierend sind genau genommen die Lehrsituationen aufgebaut; das Lernen selbst erfolgt naheliegenderweise trotz allem mehr oder weniger »aktiv«. Entscheidend ist deshalb für wirksames und tiefes Lernen wahrscheinlich nicht, ob Lernen generell »aktiv« erfolgt (erfolgen muss), sondern unter welchen langfristigen und situativen Bedingungen Lernen erfolgreicher oder weniger erfolgreich stattfindet.

Unbestritten liegen mit den modernen Lerntheorien wissenschaftliche Befunde für die Effektivität selbstregulierter Lernprozesse vor. Um die Selbstwirksamkeit eigenen Lernens überzeugend im Bewusstsein des Lernenden und im Lernprozess selbst zu verankern, bedarf es deshalb der Möglichkeit zur Selbststeuerung und Selbstplanung/Selbstmanagement schulischer Lernprozesse durch die Lernenden. Lehrerinnen und Lehrer sollten deshalb bestrebt sein, Schülerinnen und Schüler stärker zu Subjekten ihrer Lernprozesse zu machen. Unterstreichen lässt sich das mit einem Zitat zur »Grundbegrifflichkeit einer subjektwissenschaftlichen Lerntheorie« nach Holzkamp (1995).

Subjektwissenschaftliche Lerntheorie

»Sofern vom Subjektstandpunkt eine Lernhandlung aus der damit zu erreichenden Erweiterung/Erhöhung meiner Verfügung/Lebensqualität begründet und in diesem Sinne motiviert realisierbar ist, muss von mir angesichts einer bestimmten Lernproblematik der innere Zusammenhang zwischen lernendem Weltaufschluss, Verfügungserweiterung und erhöhter Lebensqualität unmittelbar zu erfahren bzw. zu antizipieren sein« (Holzkamp 1995, S. 190).

Demgemäß entspringt die Initiative zum Lernen dem individuellen Bedürfnis, eine als persönliche Herausforderung empfundene Mangelsituation überwinden zu wollen, um erfolgreicher, d.h. wissender als vormals auf vergleichbare Handlungsproblematiken reagieren zu können. In dieser Einsicht liegt die persönliche Sinnhaftigkeit begründet, die dem jeweiligen Lernvorgang zugeschrieben wird. Die Aussicht, sachkundiger und damit kompetenter als vorher zu sein, erzeugt das Lernmotiv.

2.8.5 Gesellschafts- bzw. sozialisationstheoretische Argumente

Lediglich mit den wichtigsten Auswirkungen des sozialen Wandels soll sich in den folgenden Statements auseinandergesetzt werden:

Pluralisierung der (familialen) Lebensformen und veränderte elterliche Erziehungsverantwortung

Familie und elterliche Erziehung

Zwei Aspekte scheinen von besonderer Relevanz für die Schule: Erstens wird die freie (Familien-)Zeit in zunehmendem Maße nicht aktiv gemeinsam genutzt, sondern auf kommerzielle und individuelle Freizeitangebote zurückgegriffen, zweitens führt die nachweislich ausgeweitete egozentrische Lebensgestaltung von Menschen dazu, sich selbst vermehrt ins Zentrum der Aufmerksamkeit zu rücken und sich weniger um das Wohlergehen der Mitmenschen zu kümmern. Diese Entwicklung macht weder vor den Eltern noch ihren Kindern Halt und führt einerseits dazu, dass eine als zu anstrengend empfundene Erziehungsarbeit an gesellschaftliche Institutionen wie Kindergarten, Kirche oder Schule delegiert wird. Andererseits werden immer mehr Kinder aufgrund der zugenommenen egozentrischen Individualisierung, die noch durch den Rückgang der Geburtenrate und die Umorientierung auf einen liberalen Erziehungsstil zusätzliche Unterstützung erfährt, von ihren Eltern in die Rolle von Prinzen und Prinzessinnen mehr oder weniger gewollt »gedrängt« oder von vornherein in dieser Rolle (gerne) gesehen.

Veränderung der »Welt« durch neue Technologien und Medien

Welt der Medien

Medien und neue Technologien führen zu tiefgreifenden Neuorientierungen fast in allen gesellschaftlichen Bereichen und ziehen neben positiven Effekten u.a. ein verstärktes konsumtives Verhalten und Handlungsarmut (Erfahrung aus »2. Hand«) nach sich. Ganz offensichtlich haben Medien sozialisierenden Einfluss, der sich auf Schule mit unterschiedlichen Konsequenzen niederschlägt. Am problematischsten dürfte sich das Primat des Unterhaltungswertes, das die Medienwelt zum obersten Gebot ihrer Selbstdarstellung und ihrer »Informationen« erhoben hat, auswirken. Weil inzwischen selbst Nachrichten nach ihrem Unterhaltungswert und nicht nach ihrem Informationswert bemessen werden, helfen sowohl die Bilder als auch die angebotenen »Informationen« immer weniger, die Welt zu verstehen und zu erklären. Weil zudem Sendezeiten aufgebläht werden, müssen immer mehr Bilder geliefert werden, deren Informationsgehalt, d.h. Aufklärung der Sachzusammenhänge, gegen Null tendiert. Vor Ort eingesetzte Reporter tun meist nichts anderes als viel zu reden, ohne substanziell etwas zu sagen. In diesem Zustand des Fernsehkonsums wird das Kind und der Jugendliche förmlich »hineinsozialisiert« und die schwierige Aufgabe der Schule muss es nun sein, Entschlüsselungskompetenzen zu vermitteln, damit Schülerinnen und Schüler dafür fähig gemacht werden können, kritisch hinter die angebotenen »Bilderwirklichkeiten« zu schauen und auf ihren Aussagegehalt zu überprüfen. Dies ist eine doppelt schwierige Aufgabe, zum einen besteht die Gefahr, dass Schülerinnen und Schüler aufgrund täglich gemachter Fernseh- und Interneterfahrungen die dort vermittelten Bildwirklichkeiten für die »Realität« halten und deshalb gar keine Notwendigkeit sehen, sowohl ihr eigenes Medienkonsumverhalten als auch die damit gewonnenen (»Null«-)Botschaften infrage zu stellen.

Zum anderen kann der durch Medienkonsum antrainierte Wahrnehmungs- und Verarbeitungsstil zur habituellen Grundtendenz werden, mit der auf Neues generell reagiert wird. Die neuen Medien haben somit nicht nur unmittelbare Auswirkungen auf die Entwicklung von individueller Medienkompetenz, sondern darüber hinaus auch für die Ausbildung von Wahrnehmungsgewohnheiten und Kritikfähigkeit, im weitesten Sinne der Entstehung von Mündigkeit.

Wertesozialisation in Familie und Gesellschaft

Eine allgemeine Schwächung Werte vermittelnder Instanzen bzw. Organisationen ist ebenso festzustellen wie eine Werteerosion (vgl. Standop 2005). Die Abnahme der elterlichen vorbild- bzw. beispielgebenden Funktion ist hinlänglich bekannt. Drastisches Beispiel ist die geringe Zeit (ca. zwei Minuten!), die Eltern durchschnittlich pro Tag miteinander über persönliche Dinge sprechen.

Werte

Wachsende Dynamik der Durchökonomisierung gesellschaftlicher Lebensverhältnisse

Wirtschaftliches, marktförmiges Denken und Handeln wird zunehmend zu einem überragenden »Wert«, der in immer mehr gesellschaftlichen Bereichen Einfluss gewonnen hat. Modische Begrifflichkeiten wie »Humankapital« oder »Rohstoff Bildung« können als signifikante Indizien für diese Entwicklung gelten. Ihre Verwendung macht deutlich, unter welcher Perspektive Individuen künftig gesehen werden sollen, wenn der schulische Allgemeinbildungsbegriff, dem schließlich die Idee der europäischen Aufklärung zugrunde liegt, nämlich Mündigkeit in allen gesellschaftlichen Zusammenhängen zu ermöglichen, konvertiert wird zu einem technokratisch-ökonomischen Ausbildungs- und Qualifikationsbegriff. Dem sozialen Zusammenhalt der Gesellschaften droht große Gefahr, wenn von Industrie, Handwerk und weiteren wirtschaftlichen Interessengruppen zwar einerseits der lern- und arbeitsplatzflexible, hochmotivierte und fachlich einschlägig ausgewiesene Berufsmensch (zu Recht) gefordert und Schule darauf verpflichtet wird, dazu ihren Teil beizutragen, aber auf der anderen Seite nicht gleichzeitig mit derselben Entschiedenheit der allgemein nachdenkliche und urteilsfähige, d.h. der politische bzw. gesellschaftskritische, eben der »gebildete« Bürger als Inbegriff einer funktionierenden Demokratie.

Macht der Ökonomie

2.8.6 Neurobiologische Argumente

Sejnowski (2000), ein bekannter amerikanischer Neurobiologe, sagt, dass nach allem, was wir heute wissen, die Kinder in der heutigen Schule ohnehin viel zu passiv sind.

> »Ihnen wird Wissen vorgetragen; dabei lernt das Hirn viel besser, wenn es sich die Informationen selbst zusammensucht und dabei Probleme überwinden muss« (Sejnowski 2000, S. 36).

Lernen aus neurowissenschaftlicher Sicht

Offenbar assoziiert unser Gedächtnis neue Informationen mit bereits vorhandenen Gedächtnisinhalten (kontextgebundenes Lernen). Das spätere Auffinden erfolgt umso besser, je mehr passende Assoziationen, je mehr Möglichkeiten einer vielfältigen Zuordnung vorhanden sind (kontextgebundenes Abrufen von Wissen), umso weniger muss ein Lerngegenstand (stur) eingeprägt werden und umso besser ist er aus dem Langzeitgedächtnis abrufbar (vgl. Standop 2001, S. 182). Die Übertragung von Informationen ins Langzeitgedächtnis funktioniert bei neuen Wissensinhalten besser, wenn die damit erfolgten Lernerfahrungen in konkreten Anwendungsbezügen gefestigt werden können.

> »Die dabei auftretenden Konsequenzen Erfolg oder Misserfolg sind beide nicht nur wichtige Motivationsfaktoren, sondern beeinflussen auch die Verankerung im Gehirn« (Scheich 2002, S. 13).

Darüber hinaus haben neurobiologische Erkenntnisse zu einer Neubewertung des Stellenwerts und des Einflusses von Emotionen im Zusammenhang menschlichen Lernens geführt. Spitzer (2002) weist u.a. darauf hin, dass das was den Menschen umtreibt nicht Fakten und Daten sind, sondern Gefühle, Geschichten (Spitzer 2002, S. 160). Kognitionen sind nicht als Widersacher des Verstandes aufzufassen (Spitzer 2002, S. 160), sondern Emotionen begünstigen sowohl die Lernleistung als auch die Nachhaltigkeit des Lernens (vgl. hierzu auch Standop 2002).

Effektives Lernen verbindet Kognition und Emotionen

- Ein Lernergebnis, bei dem die Person das Gefühl hat: »Das ist für mich bedeutsam, das ist für mich wichtig.«
- Inhalte, die von Lehrenden angeboten werden, die die Lernenden für glaubhaft halten: »Der bemüht sich um mich, der versteht etwas von der Sache.«
- Zusammenhänge, die sich für Lernende erschließen.
- Selbstwirksamkeitserlebnisse, d.h. die Erfahrung, Einfluss nehmen zu können.
- Ein Erfolgs-, ein »Aha«-Erlebnis, Könnerschaft.
- Kompetenzzuwachs.

Quelle: Kretschmann 2003, S. 37

Verflechtung von Emotion und Kognition

Von welch großem Einfluss für die allgemeine Motiviertheit die subjektive Bedeutsamkeit, der der anstehenden Lernproblematik zugemessen wird, ist aus der Lernpsychologie bereits lange bekannt (vgl. Holzkamp 1995) und erfährt durch neurowissenschaftliche Erkenntnisse abermalige Bestätigung. In irgendeiner Weise muss die Lernsituation dem Schüler attraktiv erscheinen, hebt beispielsweise Roth (2004) hervor:

> »Hierüber wird die allgemeine Lernbereitschaft gesteuert, und zwar über Aufmerksamkeit und die Ausschüttung spezifischer lernförderlicher Stoffe wie Noradrenalin und Acetylcholin. (…) Ebenso ist ein leichter, anregender Stress generell lernfördernd. Hierbei wird im Gehirn der Neuromodulator Noradrenalin ausgeschüttet, der in geringen Dosen das Gehirn allgemein aufnahmebereit macht. (…) Lernen muss als positive Anstrengung empfunden werden. Starker Stress hingegen, verbunden mit Versagensangst und Bedrohtheitsgefühl gegenüber dem Lehrenden, führt zu starker Hemmung des Lernerfolgs« (Roth 2004, S. 503).

Stress behindert Lernen

Indem sich schüleraktive Lernarrangements neben einer vertrauensbildenden Interaktions- und Kommunikationsstruktur zwischen Lernenden und Lehrenden durch bewusst anregend gestaltete Lernumgebungen auszeichnen, kann neurowissenschaftliches Wissen zur Unterstreichung der Relevanz des je spezifischen Lehr- und Lernkontextes herangezogen werden.

Behaltens-effekte

»Die moderne Gedächtnisforschung zeigt, dass bei jedem Inhalt, der als solcher gelernt wird, auch mitgelernt wird, wer diesen Inhalt vermittelt (Quellengedächtnis) und wann und wo das Lernen (Orts- und Zeitgedächtnis) stattfindet. (…) Lerninhalte, die in schäbigen Klassenzimmern, in einer konfliktträchtigen und furchteinflößenden Umgebung von lustlosen Lehrern vermittelt werden, haben deshalb eine geringe Chance, dauerhaft im Gedächtnis verankert zu werden« (Roth 2004, S. 505).

Eine Lustlosigkeit übrigens, die wesentlich mit der Monotonie frontaler Erarbeitungsmuster zusammenhängt und in schüleraktiven Unterrichtsarrangements ein »heilendes« Gegenmittel finden kann.

2.8.7 Motivationspsychologische Argumente

Selbstbestim-mungstheorie der Motivation

Gemäß der Selbstbestimmungstheorie der Motivation nach Deci und Ryan (1993) haben Erfahrungen von Selbstwirksamkeit und Eigenverantwortlichkeit motivierende Wirkungen, und zwar weil angeborene Bedürfnisse des Menschen nach

- Kompetenz und Effizienz,
- Autonomie,
- sozialer Eingebundenheit bzw. sozialer Zugehörigkeit erfüllt werden.

Unverkennbar fallen die Parallelen zu den anthropologischen Befunden zum Stellenwert menschlicher Grundbedürfnisse für eine positive Persönlichkeitsentwicklung vor allem unter Beachtung des Aspekts einer positiven Lernidentitätsfindung auf.

> **Zusammenhang von Lernen und Motivation.**

Die Erfahrung, eigene Ziel- und Handlungsentscheidungen frei wählen zu können, ist sowohl in der Selbstbestimmungstheorie der Motivation als auch in der Theorie des »problemlösenden« Lernens (Holzkamp) der maßgebliche Faktor. Jedoch ebenso entscheidend ist die eigene, auch emotionale Wertschätzung des Handlungsziels aufgrund des Motiviertseins.

> **Einfacher gesagt: Lernen bzw. der Inhalt des Lernens muss als persönlich sinnvoll betrachtet werden (können).**

»Verantwortlich für alle diese Prozesse sind letztendlich die sozialen Bedingungen, die das Bestreben nach Autonomie, Kompetenz und sozialer Eingebundenheit unterstützen oder verhindern« (Deci/Ryan 1996, S. 236).

Emotionale Relevanz einer Lernsituation schlägt sich nieder in dem Grad der subjektiven Aufmerksamkeit.

»Aufmerksamkeit entsteht insbesondere dadurch, dass etwas in meiner Umgebung bedeutsam für mich wird. Was für eine enorme Energie muss es also kosten, meine Aufmerksamkeit auf etwas zu lenken (und dort zu halten), das für mich selbst ohne Belang scheint, dem ich für mich selbst keine Bedeutung vermitteln kann! Ein Unterricht, der für Schülerinnen und Schüler unangenehm, langweilig ist und/oder ihnen keinerlei Sinn für das Lernen vermittelt, kostet diese erhebliche Anstrengungen in dem Bemühen, ihm weiterhin (›aufmerksam‹) zu folgen!« (Standop 2001, S. 198).

Zielgerichtetheit der Aufmerksamkeit

Die fachwissenschaftlich interdisziplinär angelegte Argumentationsfigur schüleraktiven Lehrens und Lernens beruht auf einem Bündel von Einzelbefunden, die aus analytischen Gründen zwar getrennt dargestellt wurden, zwischen denen jedoch eine Vielzahl von wichtigen wechselseitigen Verknüpfungen, synergetischen Verstärkungen und moderierenden Querverbindungen bestehen, die im Einzelnen noch gar nicht alle in ihren Einflüssen beschrieben und/oder erforscht werden konnten. Andeutungsweise wurden einige Hauptverbindungslinien aufgezeigt, beispielsweise die Zusammenhänge zwischen den anthropologischen Grundbedürfnissen des Menschen und der Selbstbestimmungstheorie der Motivation wie ebenso zwischen dieser und der subjektwissenschaftlichen Theorie des Lernens. Weitere drängen sich förmlich auf, wie etwa die leicht herzustellenden Verbindungen zwischen den neurobiologischen Erkenntnissen sowohl zu den anthropologisch begründeten Grundbedürfnissen des Menschen als auch zur Selbstbestimmungstheorie der Motivation und zur subjektwissenschaftlichen Theorie des Lernens. Aber ebenso mühelos ließe sich auch der Bogen zu den sozialisationstheoretischen und den schulpädagogischen Argumenten schlagen. Wenn das »Gehirn« besser lernt, wenn sich der Mensch die Informationen, die er zum Lernen braucht, selbst zusammensucht und dabei Probleme überwinden muss, dann müssen Schülerinnen und Schüler sowohl sich von ihrem konsumtiven handlungsarmen Habitus »freimachen können« als auch gleichzeitig – dies wäre eine vorausgehende bzw. begleitende Bedingung – die Schule ihr unterrichtliches Maß an Zwang, Belehrung und Fremdsteuerung deutlich reduzieren.

Didaktische Grundprinzipien schüleraktiver Lernarrangements

Auf der Handlungsebene führen die wissenschaftlichen Argumentationslinien zu den folgenden didaktischen Maximen schüleraktiven Lehrens und Lernens.

Kernaufgaben schüleraktiver Didaktik

1. Preisgabe bzw. Relativierung des Planungsmonopols auf der organisatorischen, methodischen und inhaltlichen Ebene von Unterricht.
2. Anstreben einer »Symmetrisierung« der Kommunikationsstruktur.
3. Selbststeuerungsfähigkeit der Schülerinnen und Schüler fördern und trainieren; systematische Vermittlung geeigneter Lern- und Arbeitstechniken; Anbahnung der Reflexion und Veränderung individueller Lernstrategien sowie Förderung der Auseinandersetzung mit metakognitiven Lernstrategien.
4. Klassenführungstechniken für Offene Lernarrangements entwickeln und erfolgreich anwenden.
5. Anleitung zu kooperativem Arbeiten, systematische Teamentwicklung leisten.

Gedankenexperiment

Machen Sie eine Reflexionspause, lassen Sie noch einmal die wissenschaftlichen Argumente für schüleraktive Lehr- und Lernformen an Ihrem geistigen Auge vorbeiziehen und konzentrieren Sie sich auf die Befunde, die Sie am meisten beeindruckt haben.

Begründen Sie Ihre Auswahl!

_____

_____

_____

_____

_____

2.9 Perspektive: Selbstreguliertes Lernen

> Schüleraktive Lehr- und Lernformen haben »selbstreguliertes« Lernen zum Ziel.

Als »selbstreguliertes Lernen« wird ein Verhalten gekennzeichnet, mit welchem die Lernenden zeigen, dass sie fähig sind,

»sich selbstständig Lernziele zu setzen, dem Inhalt und Ziel angemesse- **Übergreifende**
ne Techniken und Strategien auszuwählen und sie auch einzusetzen. **Aufgabe**
Ferner halten sie ihre Motivation aufrecht, bewerten die Zielerreichung **während der**
während und nach Abschluss des Lernprozesses und korrigieren – wenn **allgemeinen**
notwendig – Lernstrategien. (…) Im Unterschied zu fachbezogenen, **Pflichtschul-**
kognitiven Kompetenzen beruht selbstreguliertes Lernen auf einer **zeit: selbst-**
Handlungskompetenz, bei der die insgesamt notwendigen und/oder ver- **regulierte**
fügbaren kognitiven, motivationalen und sozialen Voraussetzungen für **Lernen**
erfolgreiches Handeln und Leisten zusammenwirken« (vgl. Simons
1992 und Weinert 1999 zitiert nach Artelt u.a. 2001, S. 271).

Ein sehr bekanntes und theoretisch sorgfältig ausgearbeitetes Modell liegt mit dem von Boekaerts (1999) vor (vgl. Abb. 4). Es basiert auf den drei Ebenen: Wahl kognitiver Strategien (Regulation des Verarbeitungsmodus), Gebrauch metakognitiven Wissens zur Steuerung des Lernprozesses (Regulation des Lernprozesses) und Wahl von Zielen und Ressourcen (Regulation des Selbst).

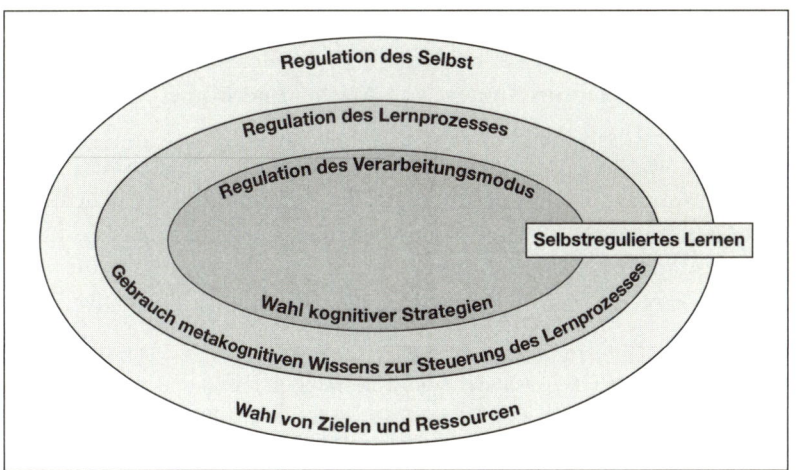

Abb. 4: *Drei-Ebenen-Modell des selbstregulierten Lernens nach Boekarts (Quelle: Reprinted from International Journal of Educational Research, No. 31, Boekarts, M., Self-regulated learning: Where we are today, S. 448, Copyright (1999), with permission from Elsevier.)*

Allerdings fehlt dem Konzept des »selbstregulierten Lernens« die Einflussnahme auf der inhaltlichen Ebene. Von daher bahnt selbstregulierte Lernkompetenz methodische und organisatorische Selbstständigkeit an, nicht aber inhaltliche. Lernen in der Schule, das Schülerinnen und Schüler systematisch in die Möglichkeiten der Selbstwahl und Selbstdefinition von Aufgaben, Vorhaben oder Themenstellungen einführt, wird hingegen als »selbstbestimmtes Lernen« definiert. Es lässt sich als eine qualitative Erweiterung des selbstregulierten Lernens verstehen. Innerhalb eines selbstregulierten Lernens beschränkt sich die Selbstorganisation des Lernenden auf Selbst- und Mitbestimmungsgelegenheiten bei der Unterrichtsgestaltung. »Als selbstbestimmtes Lernen wird die Möglichkeit des Lernenden bezeichnet, die Auswahl von Inhalten (Was?) und Lernzielen (Woraufhin?) (selbst-) bzw. mitbestimmen zu können, während von einem selbstregulierten bzw. selbstgeregelten Lernen dann die Rede ist, wenn sich die (Selbst-) bzw. Mitbestimmung auf die Lernregulation (Wie? Wann?) bei vorgegebenen Lerninhalten und -zielen beschränkt« (vgl. Friedrich/Mandl 1997, S. 239).

Unterscheidung: selbstbestimmtes Lernen

Das Selbstregulierungsmodell von Boekaerts stimmt mit dieser Auffassung lediglich bezüglich der fremdgesetzten didaktischen (Vor-)Entscheidungen im Inhaltsbereich überein, nicht aber auf der Lernzielebene. »Selbstreguliertes Lernen«, wie es in diesem Kontext verstanden werden soll, schließt selbstverantwortete (Lern-)Zielentscheidungen ein, nicht aber inhaltliche Vorentscheidungen beispielsweise hinsichtlich der Unterrichtsthemen. Die sind dem nächsten Entwicklungsschritt bzw. der nächsten Entwicklungszone der selbstbestimmten Lernkompetenz vorbehalten[1]. Selbstreguliertes Lernen bezieht sich sowohl auf den Lernvollzug als auch auf Entscheidungsprozesse. Der Unterschied zum selbstbestimmten (autonomen) Lernen besteht in der Reichweite der Entscheidungsmöglichkeiten im Kontext von Macht- und Mitbestimmungsfragen des Unterrichts (vgl. Bannach 2002).

Grenzen der Selbstbestimmung

Lernen gemäß dem Prinzip der Selbstbestimmung (vgl. Klafki 1985, S. 77) sind in der Schule allerdings auf der Ziel- und Inhaltsebene deutliche Grenzen gesetzt, die in Zeiten schulischer Qualitätssicherung durch Bildungsstandards, Vergleichsarbeiten und zentrale Abschlussprüfungen noch verstärkt werden. Doch unabhängig von dieser normativen Re-

---

1 Franz Hofmann (2000) will das Adjektiv selbstbestimmend und als Hinweis darauf verstanden wissen, dass der gesamte Lernprozess (von der Planung bis zur Evaluierung) in der Hand des Lernenden als reflexives Subjekt liegt. Dem kann sicherlich soweit zugestimmt werden. Anzumerken ist jedoch, dass diesem Verständnis die Ausweitung der Selbstbestimmung auf die Auswahl der Lerninhalte bzw. der Unterrichtsthemen fehlt und damit bildungstheoretisch das Wesentliche (eigenverantwortliche, inhaltliche Lernplanung und Lernbedürfnisbefriedigung/Möglichkeiten der »klassischen« Selbstbildung).

striktion ist Unterricht als ein interaktiver und sozialer Prozess zu verstehen, in dem die Lernenden mit professioneller Unterstützung der Lehrerinnen und Lehrer zunehmend Mit- und Selbstbestimmungsfähigkeit hinzugewinnen[1].

2.10 Rahmenbedingungen: Wege zu mehr Schüleraktivität

Zwei Zitate sollen die Grundproblematik verdeutlichen:

> *Wie soll das Kind imstande sein, morgen zu leben, wenn wir ihm heute nicht gestatten, ein verantwortungsvolles, bewusstes Leben zu führen?*« (Korczak 1990, S. 38).

> *Kein Kind kann lernen, eigene Motive zu entwickeln, wenn es stets vorgeschrieben bekommt, was zu geschehen hat. Wie soll sich ein Mensch für eine Aufgabe entscheiden, der keine Wahl hat?*« (Schiefele 1993, S. 185).

Wie müssen Lernsituationen und Unterrichtsarrangements gestaltet sein, damit ein »Ethos der Selbst- bzw. Selbstbestimmung« den schulischen Lebensraum durchwirkt? Lehrerinnen und Lehrer schaffen für sich selbst und für die Schülerinnen und Schüler Handlungsräume (vgl. hierzu auch Wallrabenstein 1991, S. 61), indem sie Veränderungen in Gang setzen, und zwar auf der Ebene der

- Lernumwelt, u.a. der Klassenraumgestaltung;
- Lernorganisation, u.a. der täglichen bzw. wöchentlichen Zeitabläufe, der Stundentafel etc.;
- Lernmethoden, u.a. vielfältiger Formen entdeckend-problemlösenden Lernens;
- Lerndifferenzierung, u.a. selbstgesetzter Lernziele und individueller Lernpläne;

Freiräume schaffen

---

1 Empirische Befunde belegen, dass es jüngeren Kindern (Grundschulalter) noch schwer fällt, ihre Lernzeit entsprechend den Anforderungen der Aufgabe zu regulieren und deshalb oft auf unterschiedlich anspruchsvolle Inhalte gleich viel Zeit verwenden. Außerdem laufen sie vielfach Gefahr, nicht lange genug zu lernen, um den Lernstoff tatsächlich zu beherrschen (vgl. Lockl/Schneider 2002). Diesbezügliche Fähigkeiten entwickeln sich erst langsam während der Grundschulzeit. Das bedeutet für den schüleraktiven Unterricht einerseits konsequente Lernberatung zwecks Einschätzung differierender Schwierigkeitsgrade von Aufgabenstellungen vorzunehmen und andererseits durch stetige Selbst- und Fremdkontrollmaßnahmen Hilfe zu bieten, die Selbsteinschätzung bezüglich des erfolgreichen Abschlusses von Lernprozessen ständig zu verbessern.

- Lernberatung, u.a. informativer, einzelfallorientierter Diagnose und pädagogischer Entscheidungen;
- Lernkontrolle, u.a. Kombination von selbst- und fremdkontrollierenden Verfahren, z.B. Führen eines Lerntagebuchs (Lernjournal) durch Schüler und Einsatz eines Pensenbuchs (Logbuch) für Schüler und Lehrer;
- Lernatmosphäre, u.a. »symmetrischer« Kommunikations- und Interaktionsstruktur, Abbau von ungerechtfertigter Macht, klare Arbeits- und Verhaltensregeln etc.;
- Lerntätigkeiten, u.a. vollständiger Lernprozesse – »*von der Verständigung über Lern- und Entwicklungsziele bis zur Reflexion des Erarbeiteten im Hinblick auf das ursprüngliche Ziel*« (Bildungskommission NRW 1995, S. 88), »ganzheitliches« Lernen (praktisch-handwerklich, künstlerisch-kreativ, kognitiv-theoretisch, interaktiv-sozial, empathisch-emotional).

2.10.1 *Lernstrategien, Arbeits- und Lerntechniken und metakognitives Wissen*[1]

Lernen braucht Methodik

Pädagogisch-psychologische Forschungsbefunde konnten positive Zusammenhänge zwischen der Anwendung von Lernstrategien und den (schulischen) Leistungen ebenso belegen wie die positiven Auswirkungen, die diese für die Persönlichkeitsentwicklung der Schülerinnen und Schüler haben (vgl. Dröge/Weiß 2003, S. 9). Von daher wird es niemanden überraschen, wenn festzustellen gilt, dass das Beherrschen von Lernstrategien eine wichtige Voraussetzung für das selbstgesteuerte Lernen darstellt (vgl. Bimmel/Rampillon 2000, S. 5). Selbstständig Lernende brauchen »ein Repertoire an Lernstrategien, das sie flexibel, das heißt den jeweiligen Lernbedingungen angepasst, einsetzen, indem sie die zu erledigende Aufgabe analysieren, Ziele setzen, im Hinblick auf das Erreichen der Ziele Lernstrategien auswählen, ihren Lernfortschritt überwachen und die Lernstrategien – sofern nötig – anpassen« (Nüesch/Zeder/ Metzger 2003, S. 7).

Ohne die Kenntnis von Arbeits- und Lerntechniken bzw. Strategien der Informationsbeschaffung und -erfassung, der Informationsverarbei-

---

1 Die Begriffe Lernstrategie und Lerntechnik werden in der Fachliteratur entweder synonym oder voneinander unterschieden verwendet. In dieser Publikation wird der Auffassung gefolgt, dass es zur Anwendung einer Strategie einer Reihe untergeordneter Lerntechniken (im Sinne von Fertigkeiten) bedarf. Eine Strategie bestünde demnach aus einer Sequenz von Lerntechniken und sie würde aktiviert, um ein bestimmtes Ziel zu erreichen (vgl. Mandl/Friedrich 1992; Bimmel/Rampillon 2000).

tung und -bewertung, verbunden mit der Kompetenz und der Sicherheit, sach- und situationsgerecht auf die geeigneten Materialien zurückgreifen zu können, werden schüleraktive Unterrichtsformen kaum Erfolg haben. Aus einem Methodenpool die richtige Wahl treffen zu können, ist demnach eine der wichtigsten Gelingensbedingungen für eigenaktiv gestaltetes Lernen. Eine Technik bzw. Strategie kann bereichs- bzw. fachspezifisch oder allgemein sein. Das Lernen zu lernen heißt in diesem Kontext für den Lernenden

1. über ein breites Repertoire bewährter Lerntechniken und -strategien zu verfügen, und
2. fähig zu sein, die geeigneten Techniken und Strategien situationsangemessen auszuwählen, miteinander zu kombinieren und aufeinander abzustimmen.

Damit kommen metakognitive Strategien hinzu, die sich als Strategien »höherer Ordnung« bezeichnen lassen. Mit deren Hilfe gelingt es dem Lernenden, sein Lernen zu planen, zu kontrollieren, zu steuern, zu prüfen und zu bewerten.

Metakognitive Strategien

Speziell auf das »selbstgesteuerte Lernen« bezogen unterscheiden Pintrich (1989) bzw. Pintrich und Garcia (1994) drei Grundkategorien strategischer Vorgehensweisen:

1. *Kognitive Lernstrategien:* beziehen sich auf jene Prozesse, die unmittelbar mit der Informationsaufnahme und -verarbeitung verknüpft sind. Das sind Wiederholungs-, Elaborations- und Organisationsstrategien. Hinzu kommt die Kategorie »Kritisches Denken«, die Lernaktivitäten beinhaltet, bei denen Lernende unter anderem kritische Vergleiche zwischen neuen und bekannten Konzepten durchführen.

   1. Kategorie

2. *Metakognitive Strategien:* beziehen sich auf die (Selbst-)Steuerung des Lernverhaltens, das heißt auf das Ausmaß, in dem Lernende eigene Lernziele planen, ihren Lernfortschritt überprüfen und ihr Lernverhalten regulieren (Metakognition).

   2. Kategorie

3. *Ressourcenmanagement:* bezieht sich auf alle Lernaktivitäten, die geeignet erscheinen, die eigentlichen Informationsverarbeitungsprozesse indirekt zu unterstützen. Dies betrifft unter anderem die Planung der Arbeitszeit, die Schaffung einer geeigneten Studienumgebung und das Lernen in Arbeitsgruppen (Arbeitsverhalten und -probleme) (vgl. Pintrich/Garcia 1994).

   3. Kategorie

Weil es bei weitem den Rahmen sprengen würde, auch nur die wichtigsten Lernstrategien und -techniken bzw. metakognitiven Strategien im

Einzelnen darstellen zu wollen, sollen an dieser Stelle stattdessen einschlägige Literaturhinweise erfolgen:

Gasser, Peter (1999): Neue Lernkultur. Eine integrative Didaktik. Aarau/Schweiz: Sauerländer Verlag

Klippert, Heinz (2001): Eigenverantwortliches Arbeiten und Lernen. Bausteine für den Fachunterricht. Weinheim und Basel: Beltz

Mandl, Heinz/Friedrich, Helmut Felix (2006): Handbuch Lernstrategien. Göttingen: Hogrefe

Metzig, Werner/Schuster, Martin (2000): Lernen zu lernen. Lernstrategien wirkungsvoll einsetzen. Berlin-Heidelberg-New York: Springer Verlag

Nagel, Kurt (1997): Erfolg durch effizientes Arbeiten, Entscheiden, Vermitteln und Lernen. München: Oldenbourg Verlag

2.10.2 Inhaltliche Ordnung schaffen

Ergebnisse der Unterrichtsforschung (vgl. Jürgens 2004, S. 64ff.) haben immer wieder auf die lernförderliche Wirkung *inhaltlicher Klarheit* und *sinnstiftender Orientierung* hingewiesen. Selbstverständlich haben diese Erkenntnisse auch Gültigkeit für den schüleraktiven Unterricht.

Die notwendige Vorarbeit der Lehrkraft wird sich demgemäß auf die Auseinandersetzung mit der Unterrichtsthematik und deren zu entdeckenden und zu problematisierenden Lernanlässen konzentrieren. Ich stimme mit Lipowsky (1999) überein, wenn der Ausgangspunkt offener Unterrichtsplanung die »Erfassung relevanter Fragen, Vorerfahrungen, Wissensbausteine und Vorstellungen der Schüler zum Unterrichtsgegenstand (sein sollte). Nicht die Frage nach der Verfügbarkeit von Lernangeboten und Arbeitsmaterialien, sondern eine sorgfältige didaktische Analyse und eine differenzierte Klärung der Lernvoraussetzungen sollten der konkreten Planung eines offenen Lernarrangements vorausgehen« (Lipowsky 1999, S. 214). Dazu ist auch die Frage zu rechnen, wie innerhalb **Strukturen** einer Lernthematik *Streben* eingezogen und *Strukturen* geschaffen wer**schaffen,** den können, um den Kindern die Aussicht auf Erfolg, die vor allem aus **Halt geben** dem Auftreten von Kontrollüberzeugungen resultiert, wahrscheinlich zu machen.

Solche helfenden Strukturen könnten durch »inhaltliche Vernetzung der einzelnen Aufgabenangebote aufgebaut werden. Querverweise auf verwandte, elementarisierende oder weiterführende Aufgabenstellungen lassen Zusammenhänge und inhaltliche Verbindungen deutlicher werden und erleichtern eine begründete und überlegte Entscheidung für ein zu wählendes Angebot« (Lipowsky 1999, S. 215). Strukturierung wird nicht durch einen vorgegebenen kleinschrittigen Arbeitsablauf erreicht, sondern durch eine inhaltliche Strukturierung, d.h. Strukturierung des Ziel- und Entdeckungszusammenhangs. Die didaktische Forderung, Strukturen zu schaffen, die den Schülerinnen und Schülern im Offenen Unterricht die nötige Sicherheit im Zustand der Unsicherheit erkundendes Lernen bieten, verbindet die Planungsaufgabe der Lehrkraft mit jener des Kindes. Denn dessen Selbstmanagement- bzw. Selbststeuerungsfähigkeit kann nur dann qualifiziert aufgebaut und weiterentwickelt werden, wenn es lernt, seinen Arbeitsprozess selbst zu planen, d.h. u.a. Fragen wie diese zu stellen und zu beantworten: Was will ich tun, was will ich erreichen, was möchte ich herausfinden?

2.10.3 Störungsarmut und Klassenführung

Störungsarmut, Nutzung von Lernzeit und Verhaltenssicherheit sind weitere wichtige Parameter für gelingenden Unterricht (vgl. Mietzel 2003; Meyer 2004 und nachfolgende Beispiele). Dies gilt selbstverständlich auch für schüleraktive Lehr- und Lernformen.

Störungsarmut ist keine Nebensächlichkeit

Lärm in der Schule behindert Konzentration

Marburg – Der Lärmpegel in Grundschulklassenzimmern behindert konzentriertes Lernen. Zu diesem Ergebnis kommt eine Studie der Universität Oldenburg, teilt die Fördergemeinschaft Gutes Hören in Marburg mit. So maßen die Forscher während des Unterrichts Lärmpegel zwischen 70 und 77 Dezibel. Damit liegen die Werte deutlich über dem für Arbeitsplätze mit vorwiegend geistiger Tätigkeit vorgesehenen Grenzwert von 55 Dezibel.

Quelle: Kölner Stadtanzeiger am Montag, 2. September 2002 (dpa)

Zugegeben eine holzschnittartige Kolumne. Aber zwei »Lehren« lassen sich trotzdem ziehen: Von der einen handelt die gesamte Publikation, der Unterricht muss verändert und verbessert werden. Zum anderen ist es sehr viel effektiver, Störungsprävention zu betreiben, »als am Fehlverhalten der Schülerinnen und Schüler herumzudoktern« (Meyer 2004, S. 32).

Klassenführungskompetenz ist demnach gefragt, d.h. die Lehrkraft muss bereit sein, »Führungsverantwortung« zu übernehmen, d.h. nicht autoritär Verhalten »vorschreiben« zu wollen, sondern durch ein gemeinsam verabredetes Regelwerk klare Arbeits- und Handlungsstrukturen zu ermöglichen, also motivationsstärkend zu wirken.

Mit Strichlisten gegen den Lärm

Um, wie es die PISA-Studie den Bayern attestiert, überdurchschnittlich viel Wissen anzuhäufen, müsste theoretisch ja auch überdurchschnittlich viel gelernt werden. Nehmen wir aber zum Beispiel die Klasse 6b aus dem Ort I. Diese Klasse ist ständig laut. Die Kinder schreien und quatschen, albern und lachen, schmeißen Zettel und Kreide, stehen auf, laufen herum. »Ja«, sagt der Direktor, die Klasse sei leider für ihre Phonstärke bekannt – und zuckt die Schultern. Bei 30 Kindern im Alter zwischen 11 und 14 Jahren, davon zwei Drittel Jungs, findet er das vielleicht nicht weiter erstaunlich. Erstaunlich ist indes, wie dem Dauerlärm begegnet wird, der das Lernen unmöglich und das Lehren unerträglich macht: Lehrer A steht vorne an der Tafel und malt auf einer Liste Striche für jeden lauten Ton. Ein Schüler ruft etwas in den Raum, A macht einen Strich. Eine Schülerin kreischt, A macht einen Strich. Das Prozedere zieht sich häufig über eine halbe Schulstunde hin, denn selbstredend werden die Kinder nicht leiser, wenn der Lehrer vorn steht und Listen führt, anstatt sie mit einem abwechslungsreichen Unterricht zu fesseln. Lehrerin B wiederum steht an der Tafel und schreit, dass nun endlich Ruhe sein müsse. Sie schreit minutenlang. Sie schreit mit hoher Stimme, als riefe sie um Hilfe, aber weil sie im Unterricht wenig anderes tut, als zu schreien, hören die Kinder nicht hin und lärmen weiter. Lehrer C ignoriert den Lärm, steht an der Tafel und spricht vor sich hin; bei Schulaufgaben übersieht er, dass die Kinder die Arbeiten austauschen, um Fehler zu korrigieren. Er überhört, dass sie sich laut vorsagen. Lehrer C ist müde, er mag sich nicht ärgern. Lehrer C steht – wie seine Kollegen – frontal vor der Klasse. In dem Adjektiv frontal ist das Substantiv Front enthalten, und eine Front bilden die Schüler der 6b ganz offensichtlich gegen ihre Lehrer, die nicht packend, nicht aufregend, nicht unterhaltsam unterrichten, sondern hilflos scheitern. Der Schüler X in der Klasse 6b findet Schule tödlich. Er lärmt, weil er sich langweilt in diesem stupiden, traditionellen Unterricht ohne Herausforderungen, ohne Spaß. Nun ließe sich lange über moderne Didaktik reden oder darüber, wie überforderte Lehrer endlich lernen, Klassen für ihren Stoff zu interessieren. Doch das würde Unkonventionalität belohnen und Originalität, und die ist in Schulen nicht gern gesehen. Wahrscheinlich ist es auch billiger, den Lehrern A, B und C Megaphone zu kaufen.

Quelle: Cathrin Kahlweit, Süddeutsche Zeitung Nr. 163, 18. Juli 2005, S. 8 aus der Serie »Unter Eltern«

Führen: Strukturieren von sozialem Handeln; sinn-orientiert

- **Führung fragt nach**

  - dem Subjekt (Wer soll handeln?)
  - dem psychologisch-motivationalen Aspekt (Wie wird Motivation mobilisiert?)
  - dem Sinn (Welche individuelle Bedeutung hat das Handeln für den einzelnen Beteiligten?)

- **Führung begründet Ko-Operation**

  - Kriterium: Sinn – (Bedeutungs-)Analyse
  - Die Akzeptanz der Zielsetzung der Führung wie der Person des Führenden muss freiwillig erfolgen

- **Führen heißt:**

  - individuelle Motivationsbedingungen schaffen

- **Führen wie:**

  - erklären
  - begeistern
  - überzeugen
  - helfen
  - ermöglichen
  - vorleben
  - vordenken

- **Motiviertes Handeln heißt Handeln unter individuellen Leistungsbedingungen**

Quelle: Böckmann 1984

2.10.4 Teamentwicklung durch Gruppenunterricht

Gruppenunterricht (GU) gilt in der Schulpädagogik als die Sozialform des Unterrichts, die in besonderer Weise für die Entwicklung und Förderung der Selbstorganisation und Selbstgestaltung des Lernens, der Kreativität und des sozialen Lernens bei Schülerinnen und Schülern geeignet ist. Schon allein von daher kann sie als wichtiges Organisationsprinzip schüleraktiver Unterrichtsarrangements angesehen werden. Damit übereinstimmend fassen Mandl und Krause (2001) als zentrale Fähigkeiten für erfolgreiches Lernhandeln die *Kompetenz zur Selbststeuerung* und die *Kompetenz zur Kooperation* zusammen.

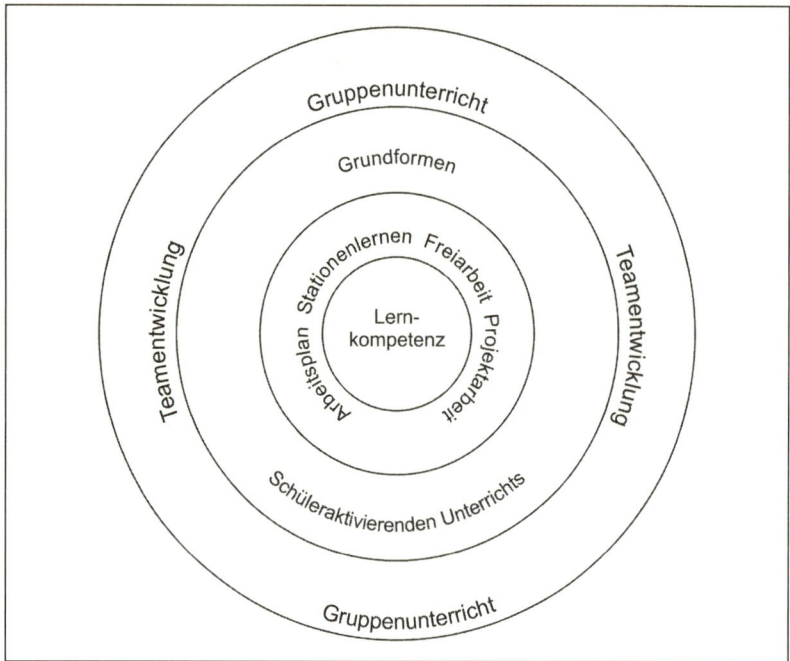

Abb. 5: Zusammenhang zwischen Teamentwicklung und schüleraktivem Unterricht (Quelle: Jürgens 2004)

Ebenso übereinstimmend, wie die Zustimmung zum theoretischen Didaktikansatz von Gruppenunterricht ausfällt, wird von der Unterrichtsforschung die Tatsache beklagt, »*dass Lehrkräfte ihre Schülerinnen und Schüler nur relativ selten in Gruppen arbeiten lassen*« (u.a. 1993, S. 3).

Eine Ursache dafür dürfte u.a. darin begründet liegen, dass Gruppenunterricht gleichermaßen systematische wie intensive, z.T. langfristige Teamentwicklungsprozesse voraussetzt, soll er für alle Beteiligten erfolgreich sein. Weil oft die Zeit dafür nicht gegeben wird bzw. nicht zur Verfügung steht, vor allem dann nicht, wenn Gruppenunterricht im Wechsel mit frontalen Unterweisungsphasen für 15 bis 20 Minuten »inszeniert« wird, können die entscheidenden Teamentwicklungsprozesse einerseits gar nicht stattfinden, andererseits sieht sich die Lehrkraft aufgrund befürchteten Misserfolgs veranlasst, auf den eigentlich »selbst zu organisierenden« Prozess interaktiven Handels von außen einzuwirken, und zwar mit kontraproduktiven Konsequenzen. Diegritz u.a. skizzieren drei soziale Repräsentationstypen von Gruppenunterricht (vgl. Abb. 6):

**Repräsen-
tationstypen**

Typ 3

Lehrkraft verändert u.U. den gesteckten Rahmen im Ablauf, zieht sich so viel wie möglich zurück, verweigert Hilfen, wenn Schüler Fragen selber lösen können, beobachtet Unruhe und Konflikte, interveniert erst wenn keine Lösung erfolgt, reflektiert Gruppenprozesse zusammen mit den Gruppen auch unabhängig von Leistungszielen

Typ 2

Lehrkraft legt Rahmen fest, zieht sich zeitweise zurück, hilft bei Sachproblemen und Fragen, interveniert bei Unruhe, bewertet Gruppenprozesse im Hinblick auf Leistungsziele

Typ 1

Lehrkraft legt Ziele fest, kontrolliert laufend die Arbeit, lenkt inhaltlich, interveniert bei Störungen, bewertet v.a. die Leistung

Abb. 6: *Die drei Sozialen Repräsentationstypen von Gruppenunterricht (Quelle: Diegritz u.a. 1999, S. 335)*

Diese Typen geben Auskunft über den von der Lehrerin bzw. dem Lehrer gesetzten Verhaltens- und Regelrahmen und das Interaktionsverhältnis zwischen der Lehrkraft und den Schüler/innen für viele Situationen und Schritte im Ablauf des Gruppenunterrichts.

> *»Im ersten Typ bleibt die Lehrkraft ihrer Rolle als wissende Autorität, die kontrollieren und steuern muss, verhaftet. Im zweiten Typ löst sich die Lehrkraft von ihrer Rolle als Wissensvermittlerin und steht für Beratung und Hilfen zur Verfügung. Im dritten Typ verlässt die Lehrkraft phasenweise ihre Rolle als Wissensvermittlerin, verweigert Hilfe, wenn die Schüler/innen selber Lösungen finden können und verändert sogar ihren Plan, wenn die Eigendynamik der Schüler/innen dies nahe legt«* (Diegritz u.a. 1999, S. 334).

Hinsichtlich der Qualitätsbestimmung von Gruppenunterricht erwies sich die Lehrergruppe am erfolgreichsten, die ihre Gruppenunterrichtspraxis auf der Basis von subjektiven Unterrichtstheorien bewältigt, die mit Typ 2 mit Tendenz zu Typ 3 beschrieben wurden. Auffallend weniger erfolgreich führten Lehrkräfte des Typs 1 ihre Gruppenarbeitspraxis durch. Ebenso jene Lehrerinnen und Lehrer, die sich in ihrem Unterrichtsverhalten inkonsistent verhielten und sich dementsprechend eine sehr heterogene Verteilung von Elementen aller drei Typen abzeichnete.

Didaktisch reflektiert bedeutet dies: Hervorragender Gruppenunterricht ist vor allem möglich,

Erfolg durch defensives Interventionsverhalten

- »wenn die Lehrkraft den Grundkonflikt Eingreifen vs. Nicht-Eingreifen tendenziell in Richtung »Nicht-Eingreifen« entscheidet,
- wenn sie GU als Erweiterung des Rahmens von Lehrplan und strukturellen Bedingungen von Schule (Typ 2) oder als Aufhebung (Typ 3) anstrebt,
- wenn die Lehrkraft über ein reichhaltiges didaktisches Wissenssystem verfügt« (Diegritz u.a. 1999, S. 334).

Demgegenüber ist Gruppenunterricht problematisch und wenig effizient, wenn der Grundkonflikt von Eingreifen oder Nicht-Eingreifen tendenziell bzw. regelmäßig zugunsten von Intervenieren entschieden wird. So z.B. bei der Lehrkraft,

> »die Ziele von Gruppenarbeit allein festlegt, laufend die Arbeit kontrolliert und inhaltlich lenkt, bei Störungen sofort interveniert und überwiegend nur die Leistung der Schüler/innen bewertet« (Diegritz u.a. 1999, S. 334).

Sozialkompetenz

Kooperatives Miteinander, das sowohl den Einzelnen als auch die Gruppe voranbringt, wirkt sich positiv auf die Entwicklung sozialer Verhaltensweisen aus. Doch obwohl es eine Hauptkomponente kooperativen Lernens ist, die Sozialkompetenz durch die Sozialform des Gruppenunterrichts zu stärken, würde eine argumentative Verengung auf dieses Bildungsziel problematisch sein, weil damit die Gefahr bestünde, die mindestens ebenso wichtigen weiteren »lernproduktiven« Effekte zu übergehen. Schließlich ist kooperatives Lernen ebenso wie schüleraktives Lernen eine Mehrfach-Antwort auf die »Bedürfnisse unserer pluralistischen Gesellschaft« (Green/Green 2005, S. 32), wie die vorliegenden Forschungsergebnisse belegen, die an dieser Stelle lediglich schlagwortartig und in Auszügen zusammengefasst dargestellt werden sollen (vgl. Green/Green 2005, S. 33f.).

Kooperatives Lernen ermöglicht:

- Entwicklung von Denkfähigkeiten auf einem höheren Niveau,
- Förderung der Schüler-Lehrer-Interaktion und der Vertrauensbasis,
- Steigerung der Schülerbeteiligung,
- Erweiterung des Selbstwertgefühls,
- Stärkung der Lernzufriedenheit,
- Unterstützung einer positiven Haltung.

»*Kooperatives Lernen erzeugt ein höheres Leistungsniveau bei den Schülerinnen und Schülern. Ihre Fähigkeiten zum kritischen Denken nehmen zu, ihre Behaltensleistung und ihr Interesse am Stoff verbessern sich*« (Green/Green 2005, S. 33f.).

- Entwicklung von Kommunikationskompetenz,
- Training sozialer Kompetenzen,
- Förderung der Lernverantwortung bei den Schülerinnen und Schülern,
- Entwicklung gegenseitiger Verantwortung.

Kooperatives Lernen hilft soziale Kompetenz zu entwickeln und hat zugleich diese zur Voraussetzung, um Arbeitsprozesse erfolgreich zu gestalten. Allerdings werden erst dann günstige Bedingungen dafür geschaffen, dass sich diese herausbilden können, wenn die Gruppe die Möglichkeit hat, tatsächlich ein Team zu werden. Somit ist *Teamentwicklung* der Schlüssel für wirkungsvolle Gruppen.

Ziel muss Teamentwicklung sein

Nur weil Einzelne in ein Team gesteckt werden, heißt das nicht, dass sie das Wissen, die Fertigkeiten und die Haltung haben, die nötig sind, um in einem Team effektiv zu arbeiten (Roger und David Johnson, zitiert nach Green/Green 2005, S. 51).

Nicht zufällig ist deshalb Teamfähigkeit ein anspruchsvolles, nicht von heute auf morgen und vor allem nicht beiläufig erreichbares Handlungsziel. Teamarbeit verlangt von den Schülerinnen und Schülern neben Sensibilität, Disziplin und Zielstrebigkeit, sich darauf einstellen und einlassen zu können, in bester gemeinsamer Absicht aufeinander angewiesen zu sein und sich bei der Bewältigung der anstehenden Aufgaben nach Kräften gegenseitig zu helfen. Teammitglieder unterstützen sich in ihren Fähigkeiten und sind bereit, sich gegenseitig in Verantwortung zu nehmen. Teams verfügen über eigene Regeln und Normen. Außerdem zeichnen sie sich durch starke Kohärenz in allen Arbeitsprozessen, besonders in Krisensituationen aus.

Allen Modellen in der Fachliteratur gemeinsam ist die Erkenntnis, dass Teams Phasen der Entwicklung durchlaufen (müssen) (vgl. W.

Schley 1998). Demgemäß brauchen sie Lernarrangements, die ihnen die nötige Zeit zum Werden geben (mit kurzen Gruppenarbeitsphasen am Ende einer Unterrichtsstunde von 15–20 Minuten ist es offensichtlich nicht getan). Die darüber hinaus die Verlässlichkeit bieten, selbst die Entwicklungs- und Arbeitsprozesse steuern zu können und zudem die Sicherheit gibt, in der gewählten personellen Zusammensetzung langfristig zusammenbleiben zu können.

Für den Erfolg von Teams lassen sich sechs Faktoren benennen (V. Schley 2004):

Teams

Erfolgreiche Teams

- »*haben klare Ziele,* die mit allen Teammitgliedern geklärt und für alle verbindlich sind. Das führt zur Fokussierung auf die Kernaufgabe und Bündelung der Kräfte;
- *kommunizieren offen,* äußern sich persönlich und direkt, tauschen Einschätzungen und Haltungen aus, betrachten Emotionen als selbstverständlichen Bestandteil der Zusammenarbeit;
- *praktizieren Formen des Konfliktmanagements,* Konflikte werden nicht unter den Tisch gekehrt, sondern zeitnah angesprochen und konstruktiv geklärt;
- *bewältigen Probleme lösungs- und zukunftsorientiert,* vermeiden Schuldzuweisungen und lernen aktiv aus der Logik von Misslungenem;
- *treffen Entscheidungen in einem* für alle Mitglieder *transparenten Prozess*; den unterschiedlichen Rollen wird dabei Rechnung getragen;
- *werten die Team-Leistung nach gemeinsam erreichten Ergebnissen aus.* Sie haben die Fähigkeit zu Meta-Kommunikation und Feedback, sie stellen sich mit systematischem Blick der Reflexion eigener Teamprozesse« (S. 8).

Abschließend anzumerken bleibt noch, dass in jeder Phase der Teamentwicklung die »Arbeitsgruppen« andere Impulse (von »außen«) brauchen. Je nach Teamkultur und Entwicklungsfortschritt sind die Entwicklungsaufgaben anders zu definieren (vgl. W. Schley 2004, S. 6), und zwar unter Beachtung der Altersangemessenheit und des Erfahrungshorizonts, Einsichten in die Gesetzlichkeit und Planbarkeit des eigenen Lernens gewonnen zu haben.

Zur Vertiefung in die Thematik werden diese beiden Publikationen nachdrücklich empfohlen:

Teamarbeit und Teamentwicklung. SchulVerwaltung spezial, Heft
   4/2004. Kronach: Carl Link Verlag
Green, Norm/Green, Kathy (2005): Kooperatives Lernen im Klassenraum und im Kollegium. Das Trainingsbuch. Seelze-Velber: Kallmeyersche Verlagsbuchhandlung

**Hinweis:
weiterführende
Literatur**

Überprüfen Sie die Aussagen zur Störungsarmut und zur Teamentwicklung an Ihren eigenen Unterrichtserfahrungen.

Was trifft für Sie zu und wo sehen Sie Änderungsbedarf?

_____

_____

_____

_____

_____

_____

_____

_____

_____

3. Lehren und Lernen nach dem Arbeitsplankonzept

Unterricht nach einem Arbeitsplan ermöglicht eine schüleraktive Öffnung für neue Lehr- und Lernformen. Vor allem enthalten sie unterrichtsstrukturierende bzw. -organisierende und -methodische Öffnungselemente.

3.1 Was ist ein Arbeitsplan?

Der Arbeitsplan (Tages-, Wochenplan) bezieht sich vollständig oder in Teilen auf Lehrziele und Lehrinhalte der gültigen Rahmenrichtlinien, Lehrpläne, Kerncurricula etc. und demzufolge stellt er ein Mittel dar, um lehrplangemäßen Unterricht durchzuführen.

Anstelle der direkten Instruktion und Lenkung durch den Lehrer »führt« das Pflicht- und Wahlprogramm den Schüler.

Begriffliche Orientierung

Definition von Arbeitsplanunterricht

- Das Lernen nach einem Arbeitsplan ist dem Selbstaktivitätsparadigma als didaktischem Prinzip verpflichtet. Dies trifft insbesondere auf organisatorische Freiheiten zu, während hingegen inhaltlich-sachliche Selbstbestimmungsmöglichkeiten eingeschränkt sind.
- Er erstreckt sich über einen gewissen Zeitraum (z.B. eine Woche) und ist an einen (schriftlichen) Arbeitsplan gebunden.
- Der Plan kann für die ganze Klasse, einzelne Gruppen innerhalb einer Klasse oder für einzelne Schülerinnen und Schüler, fachspezifisch oder fächerübergreifend gelten.
- Er kann Pflicht-, Wahlpflicht- und Zusatzaufgaben enthalten. Das Pflichtpensum ist für den jeweiligen Adressaten verbindlich. Bei Wahlpflicht- und Zusatzaufgaben gibt es persönliche Entscheidungsmöglichkeiten.

3.2 Einführung in die Arbeitsplanmethodik

Der Arbeitsplanunterricht beruht auf der Einsicht, dass Schülerinnen und Schüler eines individuell unterschiedlichen Zeitbedarfs für die Aufgabenbearbeitung bedürfen. Außerdem ermöglicht die Zusammenfassung der Aufgaben in einem sich über Tage erstreckenden Tableau die

Realisierung der Forderung nach »vollständigen« Lernprozessen, weil sich Unterbrechungen sowohl deutlich verringern als auch für den Einzelnen besser einplanen lassen.

3.2.1 Pädagogische Implikationen des Arbeitsplanunterrichts (z.B. in der Variante des Wochenplanunterrichts)

- Die Schülerinnen und Schüler bestimmen über die Reihenfolge der Aufgabenbearbeitung, das Arbeitstempo und die Arbeits- und Sozialformen (Einzel-, Partner- oder Gruppenarbeit).
- Die Aufgaben können den individuellen Lernvoraussetzungen und -bedürfnissen der Schülerinnen und Schüler angepasst werden (Binnendifferenzierung). Lerndefizite können durch spezielle Aufgabentypen und Übungen aufgearbeitet werden.
- Der Rhythmus von Konzentration und Entspannung kann nach individueller Aufnahme- und Konzentrationsfähigkeit von den Schülerinnen und Schülern mitbestimmt werden.
- Lehrerinnen und Lehrer haben viel mehr Zeit als im Klassenunterricht, sich einzelnen Schülerinnen und Schülern individuell zu widmen. Dieses »Mehr« an Zeit ist besonders für die Förderung der langsameren und/oder lernschwächeren Schülerinnen und Schüler wichtig (Chancenausgleichsfunktion).

Pädagogische Erwartungen

3.2.2 Schritte zur Einführung von Wochenplanarbeit

1. Beginn der Wochenplanarbeit mit einem kurzen fachspezifischen Plan für ein bis zwei Unterrichtsstunden oder einem Tagesplan.
2. Aufgabenstellungen in den Wochenplan aufnehmen, die relativ einfach zu lösen sind, damit alle Schülerinnen und Schüler Erfolgserlebnisse zu verzeichnen haben. Ganz wichtig für langsamere und/oder lernschwächere Schülerinnen und Schüler!
3. Äußerst übersichtliche, graphisch ansprechende Gestaltung des Wochenplans mit hohem Aufforderungsgrad erzielen.
4. In den Informations- und Instruktionsphasen die einzelnen Aufgaben genau und ausführlich besprechen. Aufgabenstellungen wiederholen lassen. Hinführen der Schülerinnen/Schüler zu eigenständigem genauem Lesen, Verstehen und Befolgen der Arbeitsanweisungen.
5. Klären, was diejenige/derjenige machen kann, wenn sie/er seine Aufgaben beendet hat.
6. Funktion der Wahl(-pflicht)- und Zusatzaufgaben beschreiben und entsprechende Hinweise geben:

Wege zum Ziel

- Bei den Wahl(pflicht-)aufgaben wählen die Schülerinnen und Schüler aus einer Reihe von Angeboten aus. Sie stehen inhaltlich in Zusammenhang mit den Pflichtaufgaben und sollen den unterschiedlichen Lernkanälen der Schülerinnen und Schüler Rechnung tragen.
- Dagegen müssen die Zusatzaufgaben nicht in Zusammenhang mit den Pflichtaufgaben stehen, stattdessen sollen mit ihnen besonders die individuellen Lern-, Arbeitsbedürfnisse und persönlichen Interessen der Schülerinnen und Schüler beachtet werden.

7. Nicht ohne Verhaltenskodex beginnen!

Es muss unbedingt besprochen und geklärt werden, was bei der Wochenplanarbeit erlaubt und erwünscht ist und was unerwünscht und verboten ist (siehe *Arbeits- und Verhaltensregeln*).

3.2.3 Aufstellung eines Wochenplans

1. Die Themen und Aufgabenstellungen sind das Ergebnis eingehender didaktisch-methodischer Reflexion.
2. Die Pflichtaufgaben sind so anzulegen, dass sie von möglichst allen Schülerinnen und Schülern bewältigt werden können. Bei besonders lernschwachen Schülerinnen und Schülern empfiehlt es sich jedoch (als Maßnahme der inneren Differenzierung), unter Umständen auch eine Reduzierung der Anforderungen im Pflichtaufgabenbereich vorzunehmen.

Methodische Akzente

3. Wochenplanarbeit nicht zur »Arbeitsblattmanie« verkommen lassen! Die Aufgabenstellungen deshalb variantenreich aufbauen, so dass »ganzheitliches« Lernen möglich wird. Aufgaben, die nur die Möglichkeit zur Hervorbringung rezeptiver, reproduktiver Leistungen einräumen, werden dem Gedanken schüleraktiven Lernens nicht gerecht.

Erfahrungsbezogenes und handlungsorientiertes Lernen, entdeckendes sowie praktisches Lernen stellen Herausforderungen für die Planung und Vorbereitung der Aufgabenauswahl dar (d.h. nicht genereller Verzicht auf Aufgaben des instrumentellen Lernens). Weiterhin ist bei der Themen- und Aufgabenauswahl darauf zu achten, den Schülerinnen und Schülern einen eigenen Gestaltungsspielraum offen zu lassen, damit kreative und produktive Kräfte zur Entfaltung gebracht bzw. gefördert werden können (vor allem im Wahl[pflicht]- und Zusatzbereich).

3.2.4 Arbeitsregeln

1. Eine angefangene Aufgabe/Übung solltest Du erst beendet haben, bevor Du eine neue beginnst.
2. Fertig gestellte Arbeiten werden immer noch einmal überprüft, bevor sie in einem Ordner abgeheftet oder bei der Lehrerin zur Kontrolle abgegeben werden.
3. Fertige Arbeiten legst Du in den Kontrollkasten, wenn es sich um Aufgaben handelt, die der Lehrer kontrollieren soll/will.
4. Alle fertigen Aufgaben erhalten ein Datum.
5. Auf jede fertig gestellte Arbeit kannst Du stolz sein, deshalb darfst Du in Deinem Wochenplan in der Fertigspalte ein Zeichen machen.
6. Die Pflichtaufgaben (gekennzeichnet mit einem großen »!«) müssen zuerst bearbeitet werden.
7. Erst wenn alle Pflichtaufgaben fertig sind, kannst Du Wahl(-pflicht-)aufgaben bearbeiten. Zusatzaufgaben kommen zum Schluss, wenn Du Dein Pensum an Pflicht- und Wahl(-pflicht-)aufgaben erfüllt hast.

Keine Freiheit ohne Regeln und Rituale

3.2.5 Verhaltensregeln

1. Wir bemühen uns, leise *miteinander zu sprechen* (Flüsterton) und dürfen Mitschüler/innen nicht bei der Arbeit stören. Deshalb *rufen* wir auch nicht durch die Klasse.
2. Wir dürfen uns in der Klasse frei bewegen, *rennen* aber nicht durch die Klasse. Wenn wir mit anderen zusammenarbeiten oder andere etwas fragen wollen, *gehen* wir zu ihnen.
3. Materialien in der Klasse *gehören allen* und sind von allen *sorgfältig* zu verwenden, so dass sie möglichst lange eingesetzt werden können.
4. Benutzte und *nicht mehr benötigte Materialien* werden nach getaner Arbeit an ihren gekennzeichneten Platz *zurückgestellt*.
5. Braucht jemand *Hilfe* von der Lehrerin/dem Lehrer, geht er zu ihr/ihm hin (oder trägt sich in die Liste ein; stellt sich auf den *vereinbarten* Platz etc.).
6. Wenn es jemand in der Klasse zu *unruhig* wird, dann darf er das *vereinbarte Zeichen* machen (bspw. die Glocke betätigen).
7. *Konzentriere* Dich auf Deine Arbeit und sei bemüht, Dich *nicht ablenken* zu lassen und selbstständig zu sein. Frage nur dann Deine Mitschüler oder Deinen Lehrer, wenn Du *wirklich Hilfe* benötigst.
8. Lernen *braucht Zeit*, lass Dir Zeit bei der Arbeit, indem Du *bei der Sache* bist.

3.2.6 Typen von Wochenarbeitsplänen

Je nach Graden der Schüleraktivität lässt sich zwischen verschiedenen Entwicklungsstufen der Wochenplanarbeit unterscheiden (vgl. Knauf 2001, S. 138).

**Entwicklungs-
dynamik in der
Wochenplan-
arbeit**

1. geschlossen
Der geschlossene Wochenplan enthält ausschließlich Pflichtaufgaben, die allerdings von den Schülerinnen und Schülern in selbstgewählter Reihenfolge und freier Organisation in der insgesamt für den Plan zur Verfügung stehenden Zeit bewältigt werden können.

2. differenziert
Der differenzierte Wochenplan setzt sich aus Pflicht-, Wahlpflicht- und Wahl- bzw. Zusatzaufgaben zusammen. Methodisch und inhaltlich gestaltet sich diese Variante »offener«, weil den individuellen Neigungen und Lernvoraussetzungen der Schüler stärker Rechnung getragen wird.

3. individuell
Der individuelle Wochenplan ermöglicht es, für einzelne Kinder oder kleine Schülergruppen ein auf die jeweilige pädagogische Maßnahme abgestimmtes Aufgabenpensum bereitzustellen.

4. offen
Der offene Wochenplan gibt Kindern die Gelegenheit, in einem verabredeten Rahmen mit oder selbstbestimmend eigene Pläne zu erstellen. Die Nähe zur Freien Arbeit wird unverkennbar.

3.2.7 Beispiel: Individueller Wochenplan

Wie durch, sowohl vom Kind als auch von der Lehrkraft, getroffene Alternativen Wochenarbeitspläne den individuellen fachlichen Lernständen differenziert angepasst werden können, dafür geben die beiden folgenden Muster nützliche Hinweise.

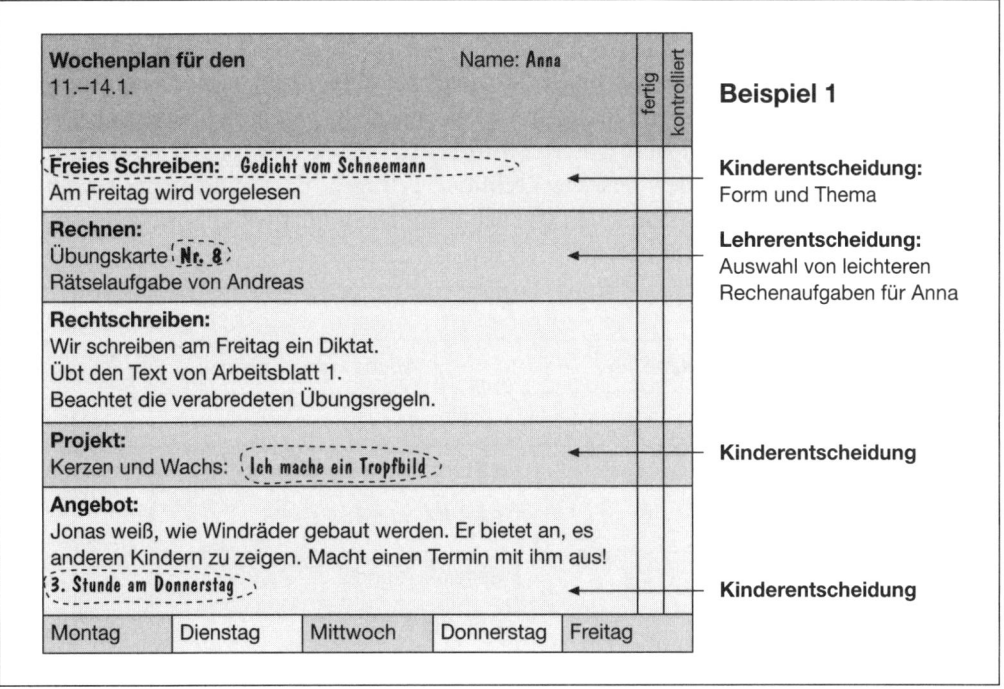

Abb. 7: *Wochenplan Beispiel 1 (Quelle: Claus Claussen u.a. 1993, S. 90 © Bildungshaus Schulbuchverlage Westermann Schroedel Diesterweg Schöningh Winklers GmbH www.schroedel.de)*

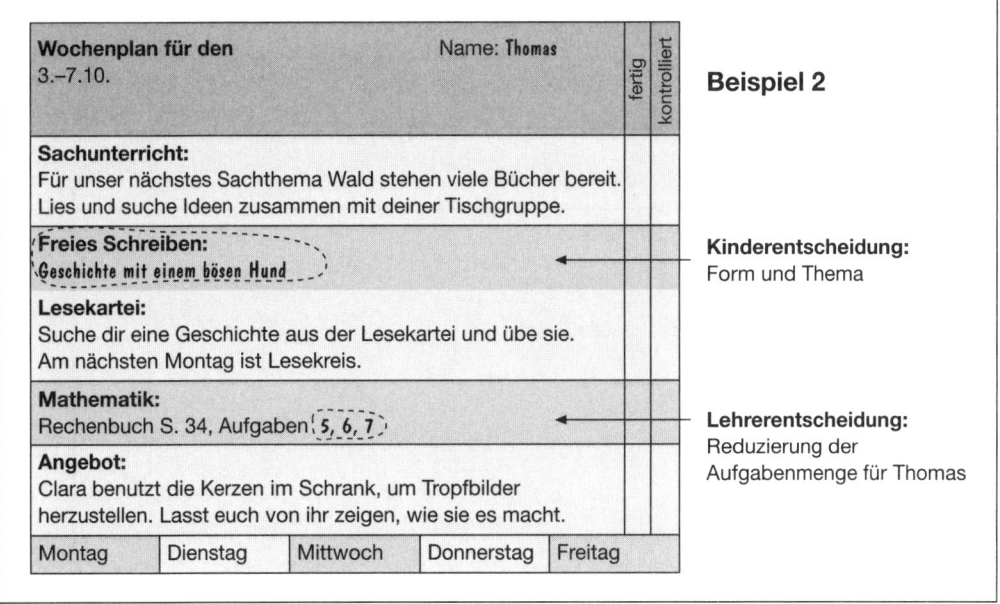

Abb. 8: *Wochenplan Beispiel 2 (Quelle: Claus Claussen u.a. 1993, S. 90 © Bildungshaus Schulbuchverlage Westermann Schroedel Diesterweg Schöningh Winklers GmbH www.schroedel.de)*

3.2.8 Beispiele für weitere Wochenarbeitsplanentwürfe

»Einsteiger-modell«

»Der Sinn von einem ›Einsteigermodell‹ für Wochenpläne besteht für Lehrer/innen vor allem im Management des eigenen Übergangs in eine etwas offenere Unterrichtsform« (Claussen 1996, S. 3). Damit wird noch einmal der Tatsache Rechnung getragen, dass »Offenheit« sowohl auf einem persönlichen als auch beruflichen Entwicklungsprozess beruht.

Vorname		Name		Woche vom … bis …	Fertig!	Kontrolle!
PFLICHTTEIL	**Beispiele**					
	Mathe-Buch		Seite 11, Aufgabe 1–6			
			Seite 14, Aufgabe 10–14			
	Sprachbuch		Seite 14, 1 und 2			
	Arbeitsblatt 1:		Übe alle Wörter!			
	Arbeitsblatt 2:		Übe den Diktattext!			
	Schreibe die Bildergeschichte vom Arbeitsblatt genau auf!					
	Suche dir einen Partner!					
	Lies und übe die Geschichte im Lesebuch Seite 16!					
	Sachunterricht					
	Suche aus dem Kalender heraus, wei viele Tage jeder Monat hat!					
	Zeichne eine Tabelle mit Monatsnamen!					
ANGEBOTSTEIL	Mathe-Spiele zum Einmaleins					
	Lauf-Diktate zu den Übungswörtern					
	Lesekiste! Denk ans Lesezeichen!					

Abb. 9: *Wochenplan »Einsteigermodell« (Quelle: Claus Claussen u.a. 1996, S. 3 © Oldenbourg Schulbuchverlag)*

			Fertig!	Kontrolle!
Vorname	Name	Woche vom … bis …		
PFLICHTTEIL	**Beispiele**			
	Mathe-Buch Seite 48, Aufgabe 5–8			
	Mathe-Übungskarte 15 (5 von 10 Aufgaben)			
	Arbeitsblatt 3 und 4 (mindestens 5 Aufgaben)			
	Sachrechenkartei			
	Rechtschreibung: Übe den Diktattext von Arbeitsblatt 1!			
	Benutze die Übungskarten!			
	Freies Schreiben			
	Lesekiste			
	Gedichtkartei oder Textkartei			
	Sachunterricht: Zum Thema WALD stehen viele Bücher in der Kiste. Lies und suche Ideen, zusammen mit deiner Tischgruppe!			
ANGEBOTSTEIL	Mathe-Spiele			
	Grammatik-Spiel: Wortarten			
	Lauf-Diktate			
	Ideenkartei			
	Umwelt-Ideen für unsere Schule?			
	Mach dir Gedanken!			

Abb. 10: *Wochenplan »Entwickeltes Modell« (Quelle: Claus Claussen u.a. 1996, S. 5 © Oldenbourg Schulbuchverlag)*

Wochenplanarbeit im Anfangsunterricht

Die Arbeit mit Wochenplänen im Anfangsunterricht dient der Grundlegung schüleraktiver Unterrichtsformen im ersten Schuljahr.

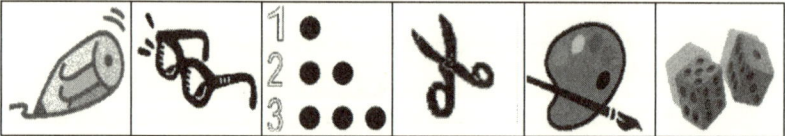

Abb. 11: *Beispiele für Symbole (Quelle: Dick 1998, S. 50/51 © Bildungshaus Schulbuchverlage Westermann Schroedel Diesterweg Schöningh Winklers GmbH www.schroedel.de)*

Anfangs-unterricht

Name:							
Wochenendplan vom 13.1.–17.1.							
							kontrolliert
	Rate mal! Fibel, S. 34, 35						
	Rate-Buch						
	LUK, S. 17						*X Di*
	1 Bingo						
	Freie Auswahl						
	MO	DI	MI	DO	FR		

Abb. 12: *Ein erster Wochenplan (Quelle: Dick 1998, S. 50/51 © Bildungshaus Schulbuchverlage Westermann Schroedel Diesterweg Schöningh Winklers GmbH www.schroedel.de)*

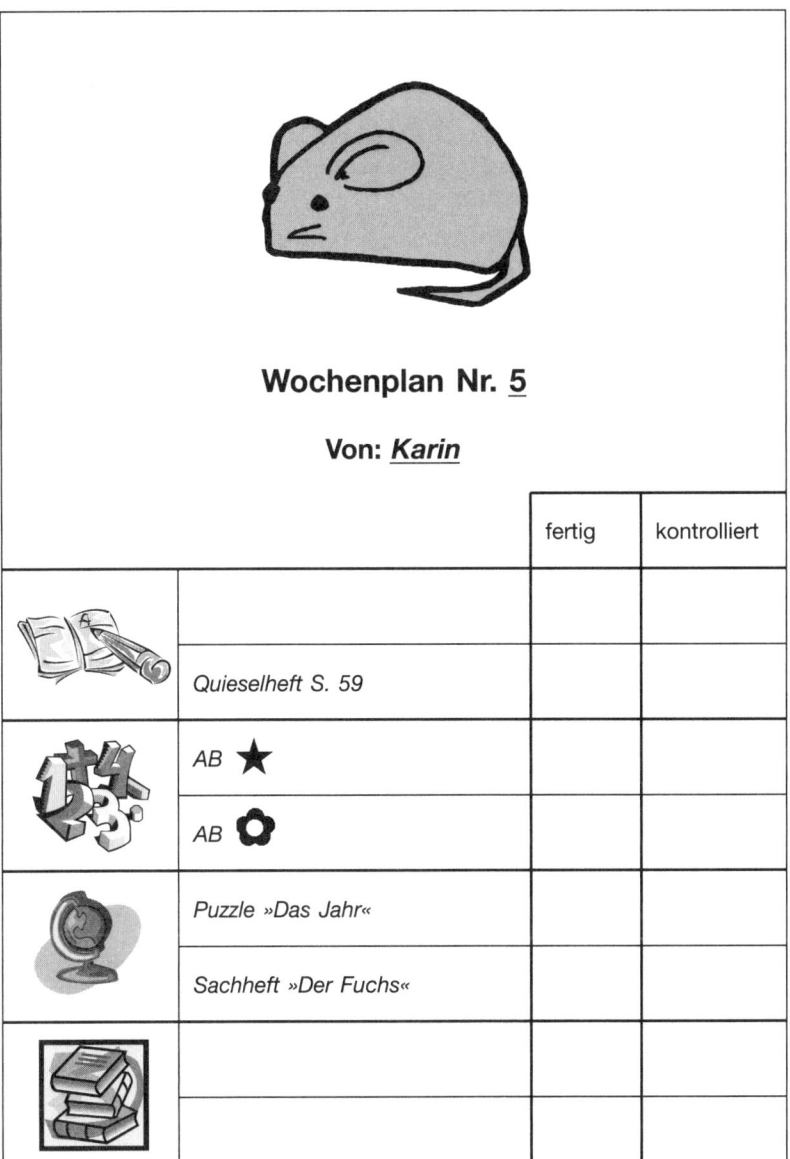

Abb. 13: *Wochenplan – 2. Klasse (mittleres Niveau) (Quelle: Menzel 1996, S. 9*
© Oldenbourg Schulbuchverlag)

Wochenplan (1) Klasse 4 Nach den Sternen greifen	
Aufgabe	Kontrolle
1. Schreibe deine Phantasiegeschichte sauber ab! Klammere dein Phantasiewesen an!	

2. Suche für die Elternrunde dein Vortragsthema selbst!
   (Z.B. Texte, Gedichte, Geschichten)
   Ich habe mir ausgesucht: _____	

3. Erstelle einen Lückentext für unsere Adjektive aus der
   Merkwörterwand!
   (Extrablatt für Claudia; Anja; André; Franziska; Mandy;
   Henrik; Kay) **1. Gruppe**	

4. Setze die Adjektive in den Text ein! (Alle anderen Schüler) **2. Gruppe**	
5. Lies Abh. S. 41! **1. Gruppe** Setze deine eigenen Adjektive in den Lesevortrag ein!	
6. Lies Lb. S. 156/157 **2. Gruppe** Arbeite an einem guten Vortrag!	

7. Das habe ich außerdem noch geschafft.
 	
   _____
   _____
   _____	

8. Ich entscheide selbst über die Anzahl meiner Hausauf- gaben in diesem Wochenplan.	

Abb. 14: *Eine weitere Differenzierungsmöglichkeit (Quelle: Menzel 1996, S. 9*
© Oldenbourg Schulbuchverlag)

3.2.9 Schwierigkeiten

Probleme sind Herausforderungen

1. Selbstständiges Lernen ist das Ziel, nicht die Voraussetzung. Da Wochenplanarbeit individualisiertes Lernen zum Gegenstand hat, entwickeln sich die Schüler/innen eben auch auf dem Feld der Selbstständigkeit sehr unterschiedlich. Nicht allen fällt es relativ leicht, selbstverantwortlich zu lernen. Selbstständig zu arbeiten, wenn die Aufgabenstellung, der Lerninhalt, das Thema etc. unbekannt sind, erfordert oft Mut, Selbstbewusstsein und Erfolgszuversicht. Dies setzt eine entsprechende psychische Disposition voraus, zu deren Entwicklung die Lehrerin/der Lehrer ganz entscheidend beitragen kann, u.a.

durch eine gleichermaßen ermutigende wie informative Lernberatung und »Fehlerfreundlichkeit«.

2. Mangelnde Selbststeuerungsfähigkeit der Schüler/innen kann besonders zu Anfang der Öffnung von Unterricht zum Ausnutzen bzw. zum Missverstehen von »Freiheiten« führen. Die Erziehung zum sachgemäßen Umgang mit den erweiterten, individuellen Handlungsräumen und Gestaltungsmöglichkeiten braucht Zeit, Geduld und Zuversicht.

... und diese sind lösbar

3. Für Schülerinnen und Schüler, die mit den an sie gerichteten Selbstständigkeitserwartungen erhebliche Probleme haben, hat es sich bewährt, vorübergehend »geführte Lerngruppen« einzurichten. Lernende erhalten für eine bestimmte Dauer eine stärker Halt gebende Lenkung, indem beispielsweise gemeinsam die Reihenfolge der Bearbeitung aller oder eines Teils der Aufgaben aus dem Pflichtpensum vereinbart wird. Gleichzeitig werden noch fremdkontrollierende Begleitmaßnahmen dominieren, solange bis Schritt für Schritt »Freiheitsgrade« für eigenverantwortliches Arbeiten zugestanden bzw. vergrößert werden können.

4. Schülerinnen und Schüler sind nicht gewohnt, ihre Arbeitszeit in der Schule selbst einzuteilen. Deshalb ist die Fähigkeit (und mitunter auch die Bereitschaft), die verfügbare Zeit selbst zu verplanen und einem eigenen Arbeitsrhythmus zu folgen, oft noch mangelhaft ausgebildet, was zu Störungen und nicht zur optimalen Nutzung der Lernzeit führt. Zeitmanagement muss erlernt werden und dies geschieht am besten im Prozess selbst.

5. Geduld sollte die Lehrerin/der Lehrer auch mit sich selbst haben. Die neue Rolle beinhaltet nicht nur die Wahrnehmung neuer Aufgaben bzw. neuer Schwerpunktsetzungen (z.B. schüleraktive Lernarrangements zu gestalten, differenzierte Lernangebote zu machen, Lernprozesse zu beobachten, Lernrückmeldungen zu geben), sondern auch damit umgehen zu lernen, selbst nicht mehr im Zentrum des Unterrichtsgeschehens zu stehen, nicht mehr alles »lenken« zu wollen.

6. Wie steht es mit Kontrolle und Übersicht? Ängste vor dem Rollenwechsel basieren oft auf vermeintlichem Kontrollverlust und der Befürchtung, die Übersicht darüber zu verlieren, was jeder Schüler der Lerngruppe gerade tut und was er während der Unterrichtsstunde gelernt/geleistet hat. Im schüleraktiven Unterricht wird nicht auf Kontrolle verzichtet (Selbst-/Fremdkontrolle), die Kontrollformen verändern sich lediglich. Mitunter kann nicht genau gesagt werden, was und wie intensiv eine Schülerin/ein Schüler (z.B. während des Wochenplanunterrichts) gearbeitet hat. Aber dies ist auch in Formen der direkten Instruktion (z.B. dem Frontalunterricht) genauso wenig möglich, mitunter sogar noch weniger.

3.3 Qualitätskriterien

Checkliste

Die nachfolgende Checkliste soll Lehrerinnen und Lehrern helfen, über ihren Arbeitsplanunterricht zielgeleitet zu reflektieren und die Qualität zu sichern.

Wochenarbeitsplanmethodik

Qualtitäts-sicherung ist selbstver-ständlich

- In welcher Form werden die Wochenpläne eingegeben (als Arbeitsblatt, als Plakat, als Tafeltext oder Folie, als Langzeitaufgabe)?
- Ist der Plan überschaubar und ansprechend gestaltet?
- Werden die Wochenpläne besprochen? Haben die Schüler/innen Möglichkeiten, einen Überblick zu gewinnen und Rückfragen vor Beginn der Arbeit zu stellen (z.B. im Morgenkreis)?
- Werden die zentralen Wochenplankriterien berücksichtigt (Differenzierung, Individualisierung, mehrkanaliges und mehrdimensionales Lernen, Interaktion, Überschaubarkeit)?

Organisationsstruktur

- Sind die Wochenpläne quantitativ überladen, erzeugen deshalb einen übermäßigen Zeitdruck und führen bei den langsameren Lernern zu demotivierenden Reaktionen?
- Ist das Verhältnis zwischen Pflicht- und Wahl(pflicht-)pensum ausgewogen?
- Sollen Arbeitssequenzen zu Hause erledigt werden?
- Enthält der Arbeitsplan Hausaufgaben?
- Welche Ordnungsprinzipien sind einzuhalten, z.B. wie werden die fertigen Arbeiten/Produkte aufbewahrt?

Arbeitskultur

- Sind die Lernziele (klassen- bzw. gruppenübergreifende oder individuelle) den Lernenden klar und die (subjektive) Bedeutsamkeit einsichtig?
- Verfügen die Schülerinnen und Schüler über die notwendigen Arbeits- und Lerntechniken, -strategien wie das gebotene metakognitive Wissen für den jeweils aktuellen Arbeitsplan?
- Folgen die bereitgestellten Materialien dem »Ganzheitlichkeitsprinzip«, d.h. sind sie bspw. entsprechend der Lernzielstufen »reprodu-

zierend«, »reorganisierend«, »problemlösend« und »transferierend« strukturiert worden?

- Lassen die Aufgaben genügend Selbstkontrollmöglichkeiten zu, liegen die dafür erforderlichen Lösungsblätter etc. in einer Qualität vor, die es den Schülerinnen und Schülern ermöglicht, tatsächlich ohne fremde Hilfe auszukommen?
- Wird auf der Metaebene die Anbahnung eigenverantwortlichen Lernens und Arbeitens durch geeignete Maßnahmen z.B. Führen eines Lerntagebuchs etc. unterstützt?

Differenzierung

- Auf welche Weise erfolgt Differenzierung innerhalb der Wochenpläne (Pflichtaufgaben, Wahlaufgaben, Zusatzaufgaben)?
- Welchen Anspruch (z.B. Differenzierung nach Fähigkeiten oder nach Interesse) haben Wochenplanaufgaben qualitativ und quantitativ?
- Werden »Freiräume« für Selbstdifferenzierungsmaßnahmen gewährt?

Emotional-soziales Lernen

- Sind individuelle und kooperative Sozialformen angemessen berücksichtigt worden?
- Werden die Regeln für die Wochenplanarbeit eigenverantwortlich mitgetragen?
- Zeichnet sich die Arbeitsatmosphäre durch Störungsarmut und gegenseitige Akzeptanz aus?
- Gibt es ein spontanes, situationsgebundenes Helfersystem?
- Ist die Zusammenarbeit auf gegenseitige Verantwortung für das Lernen bei gleichzeitiger Vermeidung des Konkurrenzprinzips ausgerichtet?

Kontrolle/Rückmeldung

- Wird jeder Wochenplan vollständig nachgesehen?
- Erfolgt die Rückmeldung auf dem Wochenplanblatt für jede Schülerin/jeden Schüler?
- Werden die Rückmeldungen sowohl emotional (Lob/Anerkennung) als auch informativ (fehleranalytisch/fallbezogen) gegeben?
- Haben Schüler Möglichkeiten zur Selbst- und Partnerkontrolle?

- Werden die Wochenplanarbeiten in den darauf folgenden Unterricht einbezogen?
- Findet eine Wochenplanbesprechungs-/-korrekturstunde statt?
- Wird die jeweilige mit dem Arbeitsplan repräsentierte Lernsequenz in einer gemeinsamen Reflexionsrunde abgeschlossen?

Lehreraktivitäten

- Sind die Aufgaben so gestellt, dass die Schülerinnen und Schüler selbstständig arbeiten können?
- Fördert die Lehrkraft durch lenkende Eingriffe die Selbstständigkeit?
- Werden die Lernaktivitäten individuell und systematisch beobachtet?
- Erfolgen prozessbegleitende Lernberatungen?
- Wird das Prinzip der minimalen, aber sachbezogenen Hilfe berücksichtigt?
- Werden Reflexionen über den Lern- und Arbeitsprozess angeregt?
- Werden Arbeitsplanbesprechungen zum festen Bestandteil der pädagogischen Führung gemacht?

Schlussgedanken

- Arbeitsplanunterricht und Klassenunterricht sind ergänzende Organisationsformen.
- Arbeitsplanunterricht macht Klassengespräche und lehrerzentrierte Instruktionsphasen nicht überflüssig, je nach Situation sind sie der methodische »Königsweg«.
- Arbeitsplanunterricht unterliegt dem dynamischen Grundprinzip Offenen Unterrichts. Die perspektivische Entwicklung verläuft von einfachen zu komplexen, fachbezogenen zu fächerübergreifenden, lerngruppenbezogenen zu individuellen und fremd- zu selbsterstellten Arbeitsplänen.

Wiederholungs- und Übungsaufgabe

Überlegen Sie, wie Sie mit dem Lernen nach einem Arbeitsplan beginnen würden.

Versuchen Sie, vor dem Hintergrund des Gelesenen wenige organisatorische und methodische Grundsätze zu formulieren, die für Sie zu Beginn des Lernens nach dem Arbeitsplan besonders wichtig wären.

Welche Maßnahmen würden Sie ergreifen, damit auftretende Schwierigkeiten des Arbeitsplanunterrichts von Anfang an gering gehalten werden?

Argumentationsübung

Mit welchen Fragen aus dem **Kollegenkreis** zum Arbeitsplankonzept sollten Sie rechnen und wie würden Sie darauf antworten?

_____

_____

_____

_____

_____

_____

4. Lehren und Lernen nach dem Stationenarbeitskonzept (Werkstattunterricht)

Stationenlernen kann für die Gesamtkonzeption »schüleraktiven Unterrichts« als außerordentlich geeignet betrachtet werden, weil ein Zusammenspiel von primär lehrergesteuerten Unterrichtsphasen und »geöffneten« Lernarrangements in vielen Varianten möglich ist.

Variabler Zusammenhang von Lehrersteuerung und Selbstregulation

Die Begriffe »Stationenlernen« und »Werkstattunterricht« werden inzwischen weitgehend synonym verwendet (vgl. Gasser 1999; Niggli 2000), eine Position, die geteilt wird.

Stationenarbeit bzw. Werkstattunterricht als schüleraktive Lehr-/Lernform basiert auf dem pädagogisch-didaktischen Konzept zur »Öffnung von Unterricht« und ermöglicht einen aus einzelnen »Lernsequenzen« (Angeboten) zusammenhängenden Unterricht, der entdeckend-problemlösende, handlungsorientierte, individualisierte und fächerübergreifende Vorgehensweisen zulässt.

4.1 Was ist Stationenarbeit?

Stationenlernen soll als eine Unterrichtsform verstanden werden, die selbsttätiges, aktives Lernen durch ein thematisches Angebot ermöglicht, das sich aus verschiedenen thematischen Schwerpunkten, Arbeitsaspekten bzw. Aufgabenstellungen zusammensetzt, die auf jeweils vorher festgelegte Orte, den Stationen, verteilt sind.

Jede Station stellt somit einen einzelnen, eigenständigen Arbeitsauftrag bzw. ein einzelnes, eigenständiges Lernangebot aus dem Gesamtbereich des zur Bearbeitung anstehenden Unterrichtsthemas dar.

Begriffliches

Entsprechend den pädagogisch-didaktischen Grundsätzen von Arbeitsplan und Freiarbeit sollten die Stationen vielfältige Möglichkeiten bieten, sowohl individuelles, differenzierendes als auch soziales Lernen zu realisieren.

Gemäß den wissenschaftlichen Argumenten zur »Öffnung von Unterricht« sollte Stationenarbeit den

> »Ansprüchen der Lebensnähe, Motivation, Sinnganzheit, Erlebnis- und Erfahrungstiefe, Selbsttätigkeit und Selbstständigkeit, Gruppenfähigkeit, Individualisierung und Persönlichkeitsförderung gerecht werden« (Gasser 1999, S. 129).

Grundtypen

»Stationenarbeiten als didaktisches Arrangement« lässt sich nach Niggli (2000) zwei Grundtypen zuordnen:

»Grundtyp 1: Übungswerkstatt:
Es geht um Training: um die Beherrschung von Inhalten, um Einüben, Vertiefen, Durcharbeiten, Anwenden und Kontrolle der Lernfortschritte.

Grundtyp 2: (a) Erfahrungswerkstatt:
Die Direktbegegnung mit dem Lerngegenstand ist zentral (Beispiel: Eine mögliche Werkstatt zum Thema Wasser). Schwerpunkte sind: Erleben, Erfahren, Problemlösen, Erkunden, Wahrnehmen und Verstehen von Phänomenen, thematische Vernetzungen sehen.

(b) Informationswerkstatt:
Der Lerngegenstand muss mehrheitlich indirekt vermittelt werden. Erfahrungen werden größtenteils über medial aufbereitete Zugangsweisen gemacht. Sie können nicht direkt am natürlichen Lerngegenstand erprobt werden.

Erfahrungs- und Informationswerkstätten sind nicht streng zu trennen. In Informationswerkstätten überwiegen deutlich indirekte, mediale Zugangsweisen. Die Differenz zwischen Übungswerkstätten und Erfahrungs- bzw. Informationswerkstätten ist grundlegender, weil diese Grundtypen durch andere Lernvorstellungen geprägt sind« (Niggli 2000, S. 59/60).

Wie Stationenarbeit »organisatorisch« und »inhaltlich« in verschiedenen »Spielarten« durchgeführt werden kann, dazu macht ebenfalls Niggli einen sehr guten methodischen Vorschlag:

**Werkstatt-
unterricht**

»Werkstattunterricht deckt einen Inhalt oft umfassend ab. In diesem Fall muss die Thematik strukturell und inhaltlich in einem vertretbaren Umfang repräsentiert sein. Die Werkstatt kann aber auch am Anfang, in der Mitte oder am Schluss einer längeren Lernsequenz als organisatorische Wechselphase eingesetzt werden« (Niggli 2000, S. 59/60).

1. Variante

1. Variante: Eine Werkstatt deckt die Gesamtthematik ab

Beispiel: Nach einer kurzen Einführung arbeitet die Klasse relativ selbstständig an einer Werkstatt zum Thema »Wohnen«. Diese Werkstatt umfasst 30 Aufträge.

2. Variante: Eine Werkstatt steht am Anfang einer Lernsequenz

Sie kann eine Einführung in ein Thema oder auch einen Überblick über einen Lernstoff vermitteln, der anschließend systematisch im üblichen Unterricht weiter verfolgt wird.

Beispiel: Eine Erfahrungswerkstatt über die drei Stände Adel, Klerus, Bauern verschafft den Lernenden einen Überblick über die gesellschaftlichen Verhältnisse vor der Französischen Revolution. Es handelt sich um 12 Aufträge, die in doppelter Ausführung vorhanden sind.

3. Variante: Die Werkstatt unterbricht eine längere Lernphase

Notwendiges Wissen und erforderliche Fertigkeiten werden vorerst im systematischen Unterricht erworben. Es dürfte sich dabei in der Regel um wesentliches Orientierungswissen handeln. Anschließend wird eine Übungswerkstatt zur Vertiefung und Ausdifferenzierung dieses Grundstoffes eingesetzt. Dann wird mit dem Lernstoff wiederum systematisch, allenfalls leistungsdifferenziert, fortgefahren.

Beispiel: In einer Werkstatt könnten verschiedene elektrische Schaltkreise konstruiert werden. Das notwendige Wissen ist zuvor erworben worden. Mit einer Lernkontrolle kann überprüft werden, ob der Lernstoff verstanden worden ist. Anschließend wird das Thema »Elektrizität« im Klassenunterricht weiter entwickelt.

4. Variante: Die Werkstatt beschließt eine Phase systematischen Lernens

Beispiel: Eine Erfahrungswerkstatt beschließt eine Lektionsreihe über Formen der Lyrik. Eigene Erfahrungen können mit dem gelernten lyrischen »Handwerk« zum Ausdruck gebracht werden (Niggli 2000, S. 60/61).

4.2 Didaktische Hinweise zur Durchführung von Stationenarbeit

1. Die Stationen sind fortlaufend durchzunummerieren oder jeweils mit einem bestimmten Symbol zu versehen. Um eine problemlose Orientierung zu gewährleisten, sollten die Nummern oder Symbole groß auf Faltkärtchen o.ä. geschrieben werden, um diese dann gut sichtbar an den Stationenplätzen anzubringen oder aufzustellen.
2. Die Schülerinnen und Schüler erhalten einen Begleitbogen (Laufzettel), der auf jeden Fall eine »Fertigspalte« enthalten sollte, damit erledigte Aufgaben entsprechend gekennzeichnet werden können. Dadurch behält auch der Lehrer die Übersicht über die unterschiedlichen Arbeitsstände der Schülerinnen und Schüler.
3. Alle Arbeitsinformationen, Verhaltens- und Ordnungsregeln werden zu Beginn der Stationenarbeit erläutert. Dies betrifft beispielsweise Fragen der Gruppeneinteilung, Wechselzeitpunkte (vorgegeben oder frei entscheidbar), des Umgangs mit den zur Verfügung gestellten Materialien. Damit die jeweils nachfolgenden Schülerinnen und Schüler an den Stationen ihre Arbeit machen können, müssen die benutzten Materialien wieder in ihre Ausgangssituation bzw. -form zurückgebracht werden, beispielsweise Kartenspiele gemischt oder Tonbandkassetten zurückgespult werden.
4. Anweisungen und Hinweise zu den Aufgabenstellungen, zur Handhabung des Materials und zur Organisation der Lernprozesse sollten schriftlich an jeder betreffenden Station ausliegen, damit die Schülerinnen und Schüler sich jederzeit selbst über ihr Tun »rückversichern« können.
5. Die Stationenarbeit sollte didaktisch in der Weise aufbereitet sein, dass langsame und schnelle Lerner, lernschwächere und lernstärkere Schülerinnen und Schüler etc. entsprechend ihrer individuellen Lernausgangslage ausreichend differenzierte Angebote erhalten. Dies hat selbstverständlich Konsequenzen für das zur Verfügung stehende Material. Es muss beispielsweise unterschiedlichen Förderaspekten gerecht werden.
6. Die Aufgaben sollten mehrkanaliges Lernen ermöglichen, indem Angebote zum Hören, Beobachten, Lesen, Anfassen, Fühlen, Experimentieren, Spielen, Begreifen und Bearbeiten im Sinne von geistiger und praktischer Arbeit gemacht werden. Außerdem sollten die Angebote insbesondere entdeckend-problemlösendes Lernen herausfordern. Dies hat wiederum insbesondere Konsequenzen für die Materialien.
7. Die einzelnen Aufgaben sollten in ihrem zeitlichen Umfang auf die gesamte Dauer der Werkstattarbeit abgestimmt sein. Ist für das Sta-

Didaktische Grundregeln

Schwierigkeit bei jungen Kinder → alles merken (siehe Peschel)

tionenlernen beispielsweise eine Doppelstunde vorgesehen, sollte die Bearbeitungszeit pro Station ca. 20 Minuten nicht überschreiten, um die thematische Breite der zu behandelnden Lerninhalte nicht über Gebühr einschränken zu müssen. Steht insgesamt mehr Zeit zur Verfügung (Stationenarbeit kann sich über mehrere Stunden und Wochen erstrecken; dies ist von den organisatorischen Rahmenbedingungen abhängig), sind Arbeitszeiten von 30 und mehr Minuten pro Station sowohl normal als auch wünschenswert. Wichtig ist jedoch, dass die einzelnen Aufgaben relativ unabhängig voneinander zu bearbeiten sind, obwohl sie selbstverständlich sachinhaltlich und lernstrukturell zusammenhängen und Einzelteile eines gemeinsamen Themenbereichs sind.

8. Die Aufgabenstellungen der verschiedenen Stationen sollten langfristig in einem zunehmend größeren Maße Gelegenheit zur Selbstkontrolle bieten. Je weiter Stationenarbeit geöffnet wird, umso stärker wird Schülerinnen und Schülern die Möglichkeit gegeben, ihre Lernprozesse selbst zu evaluieren und zu reflektieren. Die dafür erforderlichen Kenntnisse müssen systematisch eingeführt werden.

9. Neben den immer wieder zu vermittelnden Lern- und Arbeitstechniken spielen Kriterien des »richtigen« Wählens eine entscheidende Rolle. Deshalb sollte von Zeit zu Zeit in der Klasse oder in Einzelgesprächen zur Reflektion darüber angeregt werden, wie Wahlen getroffen werden und welche Kriterien dabei ins Spiel kommen.

4.3 Grundmuster der Arbeitsphasen

4.3.1 Anfangs- und Problematisierungsphase

Die Anbahnung zur Auseinandersetzung mit dem Thema kann über sehr verschiedene Zugänge erfolgen, zum Beispiel durch Erinnerung einer bemerkenswerten Begegnung zwischen Menschen innerhalb oder außerhalb der Schule, durch ein einführendes, problemmotivierendes Gespräch, durch einen kurzen Film oder durch die Auswertung von vorangegangenem Unterricht. Auch ein aktuelles tagespolitisches Ereignis kann dazu dienen, Interessenbezüge herzustellen und Lernmotive zu aktivieren. Dies gelingt umso besser, je stärker die Stationenarbeit auf Zusammenhänge abzielt, die für die Schülerinnen und Schüler lebensweltliche Relevanz haben.

Phasenstruktur

4.3.2 Vorbereitungs- und Erkundungsphase

Nach der Einstimmung auf das Thema erfolgt nun die Vorbereitung auf die Arbeit durch eine Phase des Kennenlernens der einzelnen Stationen und der verschiedenen Aufgabenstellungen. Ein Stationenrundgang bietet die Gelegenheit, an jeder einzelnen Station genau zu erklären, was es dort zu lernen gibt und welche Anforderungen zu erfüllen bzw. welche Wahlmöglichkeiten erlaubt oder gewünscht sind. Außerdem werden die einzelnen Aufgaben einschließlich der zur Verfügung stehenden Materialien erläutert. Auf dem Weg durch die im Klassenraum unter anderem auf Tischen, Regalen, Fensterbänken, dem Fußboden oder Ähnlichem verteilten Stationen wird die »individuelle Wahl der Anfangsstation« vorbereitet, setzen sich die Schülerinnen und Schüler bereits gedanklich mit der ihnen vorschwebenden Bearbeitungsreihenfolge der einzelnen Stationen auseinander. Sie erkunden gleichsam, welche Station ihren eigenen Lern- und Arbeitspräferenzen mehr entspricht und welche diesen eher fern liegt und treffen ihre Wahl. Wenn der eine oder andere Schüler dennoch unsicher ist, mit welcher Station er beginnen soll, dann wird die Lehrerin oder eine Mitschülerin beratend helfen können. Mitunter wird dieses Problem durch Partner- oder Gruppenarbeit zu lösen sein.

Phasenstruktur

Während bzw. im unmittelbaren Anschluss an den Rundgang werden alle erforderlichen Arbeits- und Ordnungsregeln genau erklärt, soweit sie der Klasse noch nicht bekannt sind. Dies gilt auch für den Begleitbogen, auf dem das gesamte Stationenprogramm durchnummeriert und stichwortartig aufgeführt ist und auf dem jede Schülerin/jeder Schüler vermerkt, wann eine Station fertig bearbeitet wurde (Laufzettel oder Arbeits-Pass). Dies setzt selbstverständlich voraus, dass jede einzelne Station fortlaufend mit einer Zahl oder einem Symbol zu versehen ist.

Grundsätzlich gilt, dass alle notwendigen Erläuterungen zu den einzelnen Stationen, zu den Wahlmöglichkeiten, zur Materialverwendung und -ordnung etc. zur Art der (Selbst-)Kontrolle und den eventuell dazu benötigten Unterlagen während dieser Phase erfolgen sollten, um die nachfolgende Phase von störenden Unterbrechungen frei zu halten, die auf die Arbeitsfreude am selbstständigen Tun negativ einwirken und die Konzentration auf die Sache stören könnten.

4.3.3 Arbeitsphase

Je nachdem, ob die Wahl der Sozialform den Schülerinnen und Schülern freigestellt wurde, beginnen sie nun allein, zu zweit oder in Gruppen mit ihrer Arbeit. Die Freiräume zur Selbststeuerung bestimmen den gesamten Ablauf dieser Phase. Je mehr Öffnungselemente zugelassen wurden, desto besser können insbesondere die lerntheoretischen Erwartungen des Offenen Unterrichts erfüllt werden, desto mehr werden die Schülerinnen Subjekte ihres Lernprozesses sein können und desto eigenverantwortlicher werden sie darauf bedacht sein können, schulische Herausforderungen zur eigenen Sache zu machen. Erledigte Aufgaben werden auf dem Begleitbogen vermerkt.

Hinweis

Es hat sich als vorteilhaft erwiesen, wenn die Arbeitsanweisungen zu jeder Station – nicht nur, wenn es sich um umfangreichere handelt oder die Schülerinnen und Schüler besonderer Merkhilfen bedürfen – schriftlich dort ausliegen und jederzeit noch einmal eingesehen werden können.

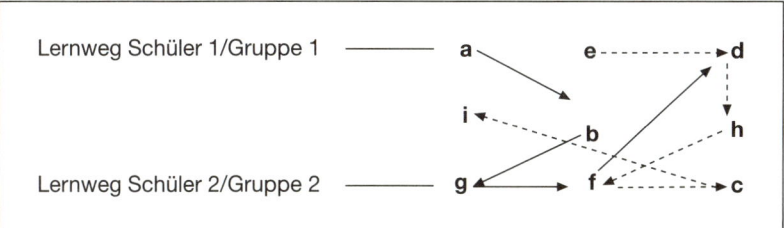

Abb. 15: *Individuelle/partnerschaftliche oder Gruppenarbeitsorganisation des Stationenlernens*

4.3.4 Schlussphase

Das Ende der Stationenarbeit bildet ein (Kreis-)Gespräch. Damit haben die Schülerinnen und Schüler die Gelegenheit, über ihre Arbeit, ihre Lernwege bzw. -umwege, ihre positiven und negativen Eindrücke etc. zu berichten und sich darüber auszutauschen. Solche Auswertungsgespräche sollten unbedingt auch dann erfolgen, wenn beispielsweise bei mehrstündigem Stationenlernen die Arbeit unterbrochen werden muss und erst zu einem späteren Zeitpunkt fortgesetzt werden kann – einmal um die jeweils begonnene Arbeit mit einem Feedback abzuschließen und zum anderen, damit sich der Lehrer einen Überblick über die individuell unterschiedlichen Lernprozesse verschaffen kann.

4.4 Öffnungsgrade der Stationenarbeit

»Offenheit« ist ein dynamisches Handlungsprinzip. Am Beispiel der Stationenarbeit lässt sich demonstrieren, in wie vielen Komponenten und mit wie vielen (kleinen) Schritten Öffnung von Unterricht erzielt werden kann (s. Tabelle), sodass zahlreiche, ganz unterschiedliche schüleraktive Lehr- und Lernarrangements entstehen, die allesamt Stationenlernen zum Gegenstand haben.

Kombinations- und Variations- möglichkeiten

Lernen an Stationen zwischen den Polen von Fremd- und Selbstmanagement		
	Vom Lehrer	Vom Schüler
Lerninhalte/-themen	vorgegeben	eingebracht bzw. mitbestimmt
Auswahl der Aufgabenstellungen/ Themenschwerpunkte etc.	verpflichtend gemacht	entscheidbar
Materialien	ausgewählt bzw. hergestellt	auswählbar bzw. selbst hergestellt
Arbeitstechniken/Lerntechniken	vorgeschrieben	frei wählbar
Differenzierung nach Leistung – qualitativ und quantitativ	Fremd- differenzierung	Selbst- differenzierung
Kontrolle	Fremdkontrolle	Selbstkontrolle
Sozialform	bestimmt	selbst wählbar
Zeit	Gesamtdauer und Bearbeitungszeit pro Station fest- gelegt	Gesamtdauer limitiert, aber Bearbeitungszeit pro Station (z.B. innerhalb eines Zeitlimits) selbst begrenzbar
Wechselmodalitäten	reglementiert	regelbar
Entspannung und Konzentration	Regelung der Pausen (z.B. entsprechend dem Stunden- raster festgelegt)	individuelle Pausenregelung

4.5 Beispiel: Stationenlernen zum Thema »Freundschaft«

Die drei nachfolgenden Beispiele sind einer Stationenarbeit mit insgesamt 8 Stationen entnommen (vgl. Müller/Zuber 1997, S. 16/17).

Beispiel Station 3: »Freundschaftsgedichte«   **Beispiele**

Aufgabe für die Schüler/innen

Hier kannst du aus zwei Gedichten (»Wir« von Irmela Brender und »Wann Freunde wichtig sind« von Georg Bydlinski) auswählen. Entscheide dich für eines!

1. Lies dir das Gedicht aufmerksam durch.
2. Schreibe eine Gedichtzeile heraus und male ein Bild dazu.
3. Dichte nun selbst zu jedem Gedicht einige Zeilen.
4. Hefte dein Gedicht in deinem Freundschaftsbuch ab.

Material:
Stationskarte, Arbeitsblatt/Seite für das Freundschaftsbuch mit einem Gedicht, Papierstreifen: »Mit Freunden bist du nicht allein«.

Wir	**Wann Freunde wichtig sind**
Ich bin ich und du bist du.	Freunde sind wichtig
Wenn ich rede, hörst du zu.	zum Sandburgenbauen.
Wenn du sprichst, dann bin ich still,	Freunde sind wichtig,
weil ich dich verstehen will.	wenn andere dich hauen.
Wenn du fällst, helf ich dir auf	Freunde sind wichtig
und du fängst mich, wenn ich lauf.	zum Schneckenhaussuchen.
Wenn du kickst, steh ich im Tor,	Freunde sind wichtig
pfeif´ ich Angriff, schießt du vor.	zum Essen von Kuchen.
Spielst du pong, dann spiel ich ping	
und du trommelst, wenn ich sing.	Vormittags, abends,
Allein kann keiner diese Sachen,	im Freien, im Zimmer …
zusammen können wir viel machen.	Wann Freunde wichtig sind?
Ich mit dir und du mit mir –	Eigentlich immer!
das sind wir.	
Irmela Brender	*Georg Bydlinski*
Gedichte aus: Joachim Fuhrmann (Hrsg.). Gedichte für Anfänger, Reinbek 1980.	Gedicht aus: Georg Bydlinski Wasserhahn und Wasserhenne. Gedichte und Sprachspielereien. Dachs Verlag. © Patmos Verlag GmbH & Co.

Intention:
Die Gedichte sollen den Schülern Aspekte der Freundschaft bewusst machen. Durch eigenes Dichten wird der Umgang mit der Sprache geübt.

Beispiel Station 4: »Wir halten zusammen«

Aufgabe für die Schüler/innen:

Wir wollen ein Gemeinschaftsbild gestalten. Dazu sollst du eine Figur von dir selbst anfertigen.

1. Beklebe die Umrissfigur mit gerissenen Papierschnipseln.
2. Schneide die fertige Figur aus und lege sie in dein Freundschaftsbuch.

Beispiele

Material:
Stationskarte, Umrissfigur, Glanz-/Tonpapier, Kleber, Schere zum Ausschneiden der fertigen Figur, Papierstreifen: »Freunde halten zusammen«.

Intention:
Bei dieser Station soll der Umgang mit unterschiedlichen Materialien und verschiedenen Techniken (Reißen, Schneiden) geschult werden. Zum Abschluss der Unterrichtssequenz werden die angefertigten Figuren zu einem gemeinsamen Kreisbild zusammengefügt. Dadurch soll das »Wir-Gefühl« innerhalb der Klasse gestärkt werden.

Beispiel Station 6: »Unser schönstes Erlebnis«

Aufgabe für die Schüler/innen:

Bei dieser Station sollst du ein besonders schönes Erlebnis, das du mit deiner Freundin/deinem Freund hattest, aufmalen.

1. Überlege dir dein Erlebnis und male es auf.
2. Überlege dir einen Satz oder eine passende Überschrift, schreibe sie dazu und hefte dein Bild ab.

Material:
Stationskarte, Malblatt, Stifte, Papierstreifen: »Freunde teilen miteinander«.

Intention:
Durch die Erinnerung an ein schönes Erlebnis soll den Kindern bewusst gemacht werden, wie wichtig und bereichernd eine Freundschaft sein kann.

4.6 Neuralgische Komponenten der Stationenarbeit

4.6.1 Merkpunkte für die Planung der Aufgabenstellungen beim Stationenlernen

Folgende Punkte sollten bei der Aufgabenstellung bedacht werden (vgl. Niggli 2000, S. 95):

1. Die Aufgabe ist anregend (neue Erfahrungen; Originalität).   **Prüfkriterium**
2. Die Aufgabe macht Sinn.
3. Die Aufgabe bietet Spielraum für verschiedene Lösungsvarianten.
4. Die Aufgabe hat Bezug zur Leitstruktur.
5. Die Aufgabe ist relativ unabhängig von anderen Aufgaben lösbar.
6. Der Komplexitätsgrad der Aufgabe ist so gewählt, dass sie möglichst ohne Hilfe der Lehrperson lösbar ist.
7. Die Aufgabe ist verständlich.
8. Die Aufgabe ist übersichtlich strukturiert.

Checkliste

Strukturierung einer Aufgabe	
WAS?	Inhalt/Ziel der Aufgabe
WIE?	Übersichtliche Vorgehensschritte (1., 2., 3., ...) Sozialform, wenn notwendig
WO?	Ortsangaben, wenn notwendig
KONTROLLE?	Hinweis auf Selbstkontrolle, nur wenn nötig, Fremdkontrolle
WOMIT?	Benötigte Hilfsmittel/Medien

9. Das Layout ist grafisch ansprechend gestaltet und einheitlich.
10. Die Arbeitszeit beträgt mindestens 20 Min. pro Aufgabe.

4.6.2 Differenzierungsformen

Grundsätzlich bewegt sich die Differenzierung bei der Stationenarbeit   **Differenzie-**
zwischen den Polen von Fremddifferenzierung und Selbstdifferenzie-   **rung**
rung. Welche Formen innerhalb dieser Spannbreite möglich sind, richtet
sich nach dem erreichten Selbstständigkeitsgrad der Schüler, nach der
Komplexität der Aufgaben, den didaktischen Intentionen etc.

Interessant sind in diesem Zusammenhang zwei Formtypen, mit denen auf den »inhaltlichen Anspruch« und die »Komplexität der Stationenarbeit« differenzierend reagiert werden kann (vgl. Landolt 1996, S. 95/96):

Differenzierung bezüglich des inhaltlichen Anspruchs und in der didaktischen Funktion

Unterschiedliche Werkstattformen

1. Thematisch gebundener Werkstattunterricht: Alle Lernangebote orientieren sich an einem Thema. Die Schüler und Schülerinnen haben die Möglichkeit, aus verschiedenen Angeboten auszuwählen; der Rahmen des Lerninhaltes bleibt jedoch recht eng.
2. Thematisch ungebundener Werkstattunterricht: Er kann als fächerübergreifendes Angebot angesehen werden oder auch als eine Möglichkeit, dem Schüler oder der Schülerin viel Raum für die eigene thematische Wahl zu lassen.

Differenzierung bezüglich der Komplexität der Form

1. *Reiner Werkstattunterricht:* Er stellt das eigenverantwortliche und selbstständige Lernen und Planen der Schüler und Schülerinnen in den Mittelpunkt.
2. *Vermischter Werkstattunterricht:* Er ist phasenweise mit anderen Unterrichtsformen durchmischt, beinhaltet also auch lehrerorientierte Teile.
3. *Begleitender Werkstattunterricht:* Er stellt ein Teilelement innerhalb des konventionellen Unterrichts dar. Der lehrergesteuerte Unterricht wird durchbrochen durch eine Teilwerkstatt, bei der die Schüler die Möglichkeit haben, einzelne Aspekte individuell zu bearbeiten oder sich mit einem freiwilligen Ergänzungsangebot zu beschäftigen.

4.6.3 Kontrollmöglichkeiten für die Aufgabenstellungen beim Stationenlernen

Die Bandbreite der Evaluation der einzelnen Aufgabenbearbeitungen bewegt sich zwischen Fremd- und Selbstkontrolle, wobei es das Ziel ist, so viel Selbstkontrolle wie möglich in die Verantwortung des Schülers zu übertragen und die Fremdkontrolle auf das nötige Maß zu reduzieren. Einen Überblick über die Grundformen der Evaluationsmöglichkeiten gibt die folgende Tabelle:

Kontrollform	Mögliche Beispiele
Selbstkontrolle	• Lösungsblätter (bei geschlossenen Aufgaben) • Referenzbeispiele (bei halboffenen Aufgaben): S. vergleicht seine Lösung mit einem exemplarischen Beispiel des L. und hält wesentliche Unterschiede fest • Kontrollquiz
Gegenseitige Kontrolle durch die Lernenden	• Mit Partner besprechen (kann grundsätzlich bei Selbstkontrollformen ebenfalls angewandt werden) • gegenseitiges Fragespiel …
Formative Fremdkontrolle durch die Lehrkraft	• Gespräch über Arbeitsprodukt • Rückmeldung zu einer Korrektur (stichprobenweise oder bei allen Schülerinnen und Schülern, die einen bestimmten Auftrag gelöst haben)
Formative Kontrolle im Gruppen- oder Klassenverband	• Präsentation von Ergebnissen (Rollenspiele; div. Arbeitsprodukte) in Gruppen oder im Plenum; anschließend Rückmeldung der subjektiven Eindrücke • Gesprächs- bzw. Diskussionsrunden über bearbeitete Auftragsprodukte …

Quelle: Niggli 2000, S. 94

Evaluation

4.7 Qualitätskriterien

Die folgenden Checklisten geben Aufschluss darüber, welche Qualitätskriterien bei der Planung und Gestaltung von Stationsarbeit zu beachten sind:

Qualitätssicherung

Stationenarbeitsmethodik

• Sind die Stationen ausreichend gestaltet?
• Liegt genügend Arbeitsmaterial vor und ist das Angebot inhaltlich gut strukturiert?
• Sind die Arbeitsanweisungen verständlich?
• Ist die Werkstatt ausreichend vorgestellt worden?
• Verfügen die Schülerinnen und Schüler über die nötigen Hinweise und Hilfen zur Bearbeitung der Aufträge?
• Sind die wichtigsten Verhaltens- und Arbeitsregeln bekannt?

Checklisten

- Ist die Organisation, d.h. die Möglichkeit der Lernwegdifferenzierung hinreichend geklärt worden?
- Wurde die Funktion des Laufzettels/des Arbeitspasses erläutert?
- Welche Arbeits- und Lerntechniken brauchen die Schülerinnen und Schüler für die Bewältigung der Stationenarbeit? Welche sind noch nicht bekannt und müssen neu eingeführt werden?

Lernbegleitung durch den Lehrer

- Werden Erfahrungsaustausche zwischen den Schülerinnen und Schülern organisiert?
- Werden Lern-, Arbeits- und Verhaltensprobleme frühzeitig erkannt, thematisiert und in Einzel- oder Gruppengesprächen geklärt?
- Wie wird die Unterstützung lernschwächerer Schüler geleistet?
- Wird Lernberatung in Form weiterführender problemmotivierender Fragestellungen zu den einzelnen Arbeitsaufträgen durchgeführt?
- Gibt es eine Organisationsordnung für die Aufräumphase am Ende einer Zeiteinheit?

Feedback/Evaluation

- Werden die Arbeitsergebnisse regelmäßig durch die Lehrer/innen kontrolliert?
- Wird das Feedback hauptsächlich sachbezogen gegeben?
- Werden offene Fragen ausreichend geklärt?
- Gibt es genügend Möglichkeiten für die Selbstkontrolle bzw. partnerschaftliche Kontrolle?
- Wird die Werkstatt mit einem auswertenden Schlussgespräch beendet?

Wiederholungs- und Übungsaufgabe

Überlegen Sie, für welche Lerngelegenheiten sich Stationenarbeit (Werkstattunterricht) in Ihrem Fach anbietet.

_____

_____

_____

_____

_____

_____

Formulieren Sie Argumente dafür, warum Stationenarbeit ein hervorragendes
Beispiel für die Komplementarität von »Geschlossenheit« und »Offenheit«
darstellt.

_____

_____

_____

_____

_____

_____

Lesen Sie noch einmal aufmerksam die Qualitätskriterien. Welche haben für
Sie vorrangige Bedeutung?

Notieren Sie Ihre Gedanken in Stichpunkten.

_____

_____

_____

_____

_____

Argumentationsübung

Welche Fragen von **Kindern** zur Stationenarbeit sollten Sie kalkulieren und welche Antworten würden Sie geben?

_____

_____

_____

_____

_____

_____

5. Lehren und Lernen nach dem Freiarbeitskonzept

Freie Arbeit oder Freiarbeit ist als Unterrichtsform in die Gesamtkonzeption schüleraktiven Lehrens und Lernens einzuordnen. Entscheidend ist die »freie« Entscheidung des Lernenden. Freiarbeit bleibt wiederum selbstverständlich sowohl dem Anspruch auf systematisches Lernen als auch der Orientierung an den Lehrplanthemen verpflichtet.

5.1 Was ist Freiarbeit?

Freiarbeit

- ist dem Selbstaktivitätsparadigma als didaktisches Prinzip verpflichtet.
- lässt tatsächliche Wahlmöglichkeiten zu, und zwar hinsichtlich
  - der Lerngegenstände (Themen, Aufgabenstellungen oder Fragen), der Lernziele und Lern- und Arbeitsmethoden;
  - der Auswahl von Aktivitäten bzw. Tätigkeitsbereichen (z.B. ein Experiment durchführen, eine Geschichte schreiben, eine Vokabelkartei anlegen) einschließlich der Zeiteinteilung; **Definition**
  - der emotionell-sozialen Beziehungen, Interaktionen und Kooperationsformen;
  - der Entscheidung, (soweit möglich) den Arbeitsplatzort und die Arbeitsplatzgestaltung selbst zu bestimmen;
  - der Planung, Durchführung und Auswertung (Rechenschaftslegung) des eigenen Lern-, Arbeits- und Handlungsvollzugs.
- findet inhaltlich in Bezug zu Lehrplanthemen statt und ermöglicht darüber hinausführende Erweiterungen in Bezug auf aktuelle Lebensprobleme der Kinder und Jugendlichen.

5.2 Pädagogisch-didaktische Leitsätze

(Vermittlung von) Kompetenzen der Selbststeuerung, der Eigenverantwortlichkeit und der Selbsteinschätzung stehen als pädagogisch-didaktische Aufgaben im Zentrum von Freiarbeit. Die Erziehung zu und die Ermöglichung von Selbstständigkeit sind im besonderen Maße ebenso substanzielle wie vorrangige Ziele von Freiarbeit. **Grundgedanken der Freiarbeit**

Als weitere pädagogisch-didaktische Grundgedanken lassen sich hervorheben:

● Freiarbeit ist die Konsequenz aus einer ganzheitlichen Sichtweise des Heranwachsenden.

● Schülerinnen und Schüler erwerben in bzw. durch Freiarbeit materielles (»Was?«) und formales (»Wie?«) Wissen. Sie entwickeln und erweitern persönliche Interessen, Neigungen, Erfahrungen, Beobachtungen und machen selbst initiierte Lernfortschritte. Darüber hinaus werden sie in die Lage versetzt, (zunehmend) selbständiger zu lernen, zu arbeiten und zu handeln.

● Freiarbeit bietet Schülerinnen und Schülern vielfältige Lerngelegenheiten, um schulisches Lernen mit Alltagserfahrungen zu verknüpfen bzw. mit der eigenen Lebenswelt zu verbinden und um Gegenwartsbezug durch Respektierung eigener Lernbedürfnisse und eigener Lernideen herzustellen.

● Freiarbeit folgt Regeln, Ritualen und Ordnungen, die gemeinsam gefunden und bei Bedarf gemeinsam weiterentwickelt werden sollten, und deren Einhaltung unerlässlich ist für die Selbststeuerung von Lernaktivitäten sowie für ein »konfliktfreies« bzw. »selbstregulierendes« Miteinander.

● Freiarbeit bleibt der Dialektik von Fremd- und Selbststeuerung verhaftet. Die Gewährung von Entscheidungsspielräumen ist abhängig von den jeweiligen situativen (Rahmen-)Bedingungen, den pädagogisch-didaktischen Intentionen, der Entwicklung methodischen und organisatorischen Könnens und der persönlichen Haltung gegenüber Freiheit und Offenheit.

● Freiarbeit mutet den Schülerinnen und Schülern »Freiheiten« zu, um eigenes Lernen planen und durchführen zu können, und will ihnen damit Mut machen, eigene Lernwege zu gehen.

● Freiarbeit ist für Lehrer/innen und Schüler/innen ein gemeinsames »Experimentierfeld«, auf dem inhaltliche, arbeitsorganisatorische, methodische, sozial-emotionale und diagnostische Aspekte des Lehrens, Lernens und Arbeitens in vielfältigen Arrangements zusammengeführt bzw. kombiniert werden mit dem Ziel, »Hilfe beim Lernen« letztlich überflüssig zu machen.

5.3 Grundformen der Freiarbeit

1. *Selbstständige Arbeit an einem selbst gewählten Thema:* Schülerinnen und Schüler arbeiten allein oder in Gruppen Themen nach eigenem Interesse aus und veröffentlichen ihre Arbeitsergebnisse.

   Ziel: Ein Thema selbstständig bearbeiten und darstellen.

2. *Individuelle Weiterführung von Unterrichtsthemen:* Die Schülerinnen und Schüler arbeiten an einem sie interessierenden Thema weiter und vertiefen es selbstständig.

   Ziel: Selbstgesteuerte Weiterführung von Themen nach individuellem Interesse.

3. *Intensive Übungssituationen:* Vertiefung des Unterrichtsstoffes durch vielfältiges, gezielt auswählbares Übungsmaterial.

   Ziel: Intensive, individualisierte Übungssituationen.

4. *Freie Nutzung von Lernangeboten:* Schneller arbeitende Schülerinnen und Schüler wenden sich Arbeitsmöglichkeiten nach freier Wahl zu.

   Ziel: Ergänzung und Vertiefung des gesteuerten Lernens.

Grundformen

5.4 Methodische Hinweise zur Freiarbeit

1. **Freie Arbeit ist abhängig vom Material- und Raumangebot.** Vor der Einführung von Freiarbeit ist dafür Sorge zu tragen, dass eine ausreichende Materialsammlung für die Bearbeitung der Freiarbeitsaufgaben zur Verfügung steht. Je älter die Schülerinnen und Schüler sind, desto eher können sie damit betraut werden, die benötigten Materialien selbst zu beschaffen bzw. kann man ihnen überlassen, selbstständig die Materialauswahl und -versorgung durchzuführen. Das Material kann auf Regalen oder in Schränken gesammelt werden. Eine gut ausgestattete Klassenbücherei scheint überhaupt unverzichtbar zu sein. Die Materialvor- bzw. -aufbereitung ist eine der wichtigsten Aufgaben des Lehrers im Zuge der Freiarbeit. Es macht Sinn, einen Teil der heranzuziehenden Materialien selbst zu entwickeln und herzustellen, damit eine optimale Passung zwischen den intendierten fachlich-inhaltlichen Zielen, den fachdidaktischen Ansprüchen und den Lernvoraussetzungen der Schülerinnen und Schüler erfolgen kann.

Methodischer Leitfaden

Als Kernfragen zur Qualität der Materialien dürften die nachfolgend genannten gelten:

- Kann das Material selbstständig bearbeitet werden?
- Können mit dem Material Ziele und Themen aus den verbindlichen Lehrplänen/Rahmenplänen erfüllt werden?
- Regt das Material zu fächerübergreifendem Arbeiten an?
- Ermöglicht das Material eine (Selbst-)Differenzierung auf verschiedenen Schwierigkeitsniveaus?
- Liegt das Material in hinreichend wissenslogischer Strukturierung vor?
- Lassen sich mit dem Material Bezüge zu den persönlichen Interessen herstellen?
- Soll mit dem Material die Möglichkeit geboten werden, schulisches mit außerschulischem Lernen zu verbinden?
- Wo könnten Probleme beim Einsatz des Materials auftreten und müssten deshalb vorab einkalkuliert werden?

2. **Eine flexible Umgestaltung des Klassenraumes in verschiedene Funktions- und Aktivitätsbereiche** gilt für die Freiarbeit als besonders wünschenswert. Als solche sind zu nennen: Regalsysteme, Pinnwände, Raumteiler, Ablagefächer für Schülerarbeiten etc. Weiter Bereiche, um sich zum Lesen, Arbeiten am Computer oder zum Ausruhen zurückziehen zu können. Gibt es eine Freifläche für die spontane Bildung eines Stuhlkreises, zum Präsentieren von Ergebnissen, zur Durchführung eines Rollenspiels oder anderer wichtiger kleinerer Vorführungen?

3. **Freiarbeitsstunden sollten immer mit einer gemeinsamen Besprechung (Stuhlkreis) beginnen,** in deren Verlauf jede Schülerin/jeder Schüler darüber berichtet, welche Aufgabe sie/er bearbeiten möchte oder mit welcher Arbeit sie/er gerade beschäftigt ist. Am Ende einer Woche bzw. einer bestimmten Anzahl von Freiarbeitsstunden (zum Beispiel drei bis fünf Stunden) berichten die Schülerinnen und Schüler über den jeweiligen Stand ihrer Aufgabenbearbeitung bzw. Arbeitsvorhaben (Abschlusskreis). Für die tägliche oder wöchentliche Freiarbeit können Tages- oder Wochenpläne verwendet werden, in die von den Schülerinnen und Schülern die ausgewählten Aufgaben eingetragen werden und auf denen auch kenntlich gemacht wird, wenn eine Arbeit abgeschlossen wurde. Aus verschiedenen Gründen ist es wichtig, dass die Schülerinnen und Schüler lernen, konsequent selbst darüber Buch zu führen, was sie während der Freiarbeit tun wollen bzw. getan haben. Die Dokumentation gibt der Freiarbeit einen verbindlichen Rahmen, bestätigt die Lernenden in ihrer Arbeit und ermöglicht der Lehrkraft auf einfache Weise den Überblick über die unterschiedlichen Vorhaben der Schülerinnen und Schüler zu behalten.

4. Freiarbeit sollte einer **Phasenstruktur** folgen:

– *Eingangsphase:*
Planung und Absprache der Tätigkeiten.

– *Arbeits- und Produktionsphase:*
Vorbereitung des Arbeitsplatzes, Sammeln von Materialien, Beschaffung von mündlichen und schriftlichen Informationen, Entwurf und Erstellung von Produkten etc.

– *Demonstrations- und Auswertungsphase:*
Arbeitsergebnisse werden vorgestellt bzw. ausgestellt, der Lerngruppe erläutert und zur Diskussion gestellt, evtl. unter neuen Fragestellungen fortgesetzt etc.

– *Abschluss- und Dokumentationsphase:*
Alle Arbeitsergebnisse werden aufbewahrt. Entweder in eigens dafür vorgesehenen Sammelordnern, in Schrankfächern oder in Form regelmäßig wechselnder Ausstellungen (ist abhängig von entsprechenden Präsentationsflächen).

Phasen der Freiarbeit

5. **Was schon für den Arbeitsplanunterricht galt, gilt** ebenfalls für die Freiarbeit: *Nicht ohne gemeinsam vereinbarte Regeln beginnen!* Die Schülerinnen und Schüler müssen wissen, was erlaubt ist und was nicht, wie mit Materialien umzugehen ist, welche Sozialformen gewählt werden können, wie eigene Aktivitäten gestaltet werden können und welche zugelassen sind (Schulordnung/Aufsichtspflicht beachten) etc. Die Klassengeschäftsordnung ist, bezogen auf die Ziele der Freiarbeit, ausführlich zu erklären, damit den Schülerinnen und Schülern die wegweisenden Grundgedanken einleuchten und von ihnen als handlungsleitend verinnerlicht werden können.

Zu unterscheiden ist wiederum zwischen Arbeits- und Verhaltensregeln; sicherlich haben die im Zusammenhang mit dem Arbeitsplanunterricht formulierten auch für die Freiarbeit Gültigkeit, weil es sich um normative Erwartungen handelt, die generell für schüleraktive Lehr- und Lernformen gelten sollten. Dennoch scheinen die von Gervé (1998, S. 123) entwickelten Arbeitsregeln für die Freie Arbeit eine gute Ergänzung bzw. nochmalige Präzisierung der schon genannten zu bieten und sollen deshalb in diesem Kontext dargestellt werden.

Arbeits- und Verhaltens- regeln

Leitlinien für die Arbeit (Regeln, die »öffnen«)

Arbeitsplanung

Anforderungen für die Schüler/innen

Es gibt viele Angebote, aus denen du auswählen sollst, was du arbeiten willst:

- lerne, was du lernen willst,
- suche in Ruhe eine Arbeit aus, die dich interessiert, die nicht zu leicht und nicht zu schwer für dich ist,
- besorge dir alle Hilfsmittel, die du für deine Aufgabe brauchst, und richte einen geeigneten Arbeitsplatz her,
- lasse dir für deine Arbeit so viel Zeit, wie du benötigst,
- mache eine Pause, wenn du eine Pause brauchst,
- wenn du neue und andere Ideen hast, was du machen möchtest, sprich mit deiner Lehrerin,
- kontrolliere deine Arbeit selbst, oder lass sie kontrollieren; verbessere deine Fehler,
- überlege, ob du über deine Arbeit berichten möchtest und was du berichten könntest.

Regeln, die »öffnen«, müssen selbst offen sein für Veränderung und Anpassung

Anforderungen für die Schüler/innen

Mit dir lernen und arbeiten viele andere Kinder:

- arbeite mit anderen zusammen, wenn du es willst und es die anderen auch wollen,
- arbeite alleine, wenn du alleine arbeiten willst,
- interessiere dich für das, was andere tun, du kannst von ihnen lernen,
- zeige anderen, was du arbeitest oder gearbeitet hast, sprich mit anderen über deine und ihre Arbeit,
- versuche, dir selbst zu helfen, wenn du etwas nicht verstehst,

Verhaltens-kodex

- lasse dir helfen, wenn du nicht weiterkommst; frage, wenn du etwas wissen willst,
- hilf dem, der deine Hilfe braucht und möchte.

Es muss sehr genau überlegt werden, welche von unseren Erwartungen an die Schülerinnen und Schüler auch zu Regeln für die Lernenden werden sollen und dürfen. Das Maß muss dabei die eröffnete oder geschützte individuelle Freiheit der Schülerinnen und Schüler sein, und nicht etwa die kollektiv-disziplinarischen Notwendigkeiten eines traditionell-gleichschrittigen Frontalunterrichts.

6. **Ansatzpunkte für Freie Arbeit:** Mit dieser Konzeption schüleraktiven Lehrens und Lernens bieten sich für die Schülerinnen und Schüler Gelegenheiten, um

    Vorteile

- ihren persönlichen (Lern-)Interessen und Bedürfnissen nachzugehen;
- Spiel und Freude mit ihrer Arbeit zu verbinden;
- außerschulische Themen bzw. Probleme aus ihrer Lebenswelt und Umwelt aufzugreifen und zu bearbeiten;
- fachunterrichtliche Aufgaben und Inhalte weiter zu bearbeiten und zu vertiefen;
- individuelle Lernschwächen auszugleichen;
- kreatives, entdeckendes und problemlösendes Lernen zu entfalten;
- soziales und kooperatives Lernen zu stärken;
- durch selbstständig geplante und ausgeführte Arbeitsvorhaben ihre Sach-, Sozial und Ich-Kompetenz weiterzuentwickeln und zu verbessern.

7. **Feedback/ Reflexion:** Ein wichtiger Stellenwert kommt der Diagnosekompetenz der Lehrkraft zu. Um eine sachkompetente individuelle Lernberatung durchführen zu können, müssen während der Freien Arbeit »systematisch« Beobachtungen durchgeführt werden. Für die Beobachtung bietet es sich an, Dokumentationshilfen, wie z.B. ein pädagogisches Tagebuch, Beobachtungsprotokolle oder Beobachtungsbögen zu verwenden, um auf einzelne Lern- und Arbeitssituationen gezielt und fundiert reagieren zu können.

    Feedback

Freie Arbeit ermöglicht eine flexible Anpassung der Lernumwelt (der Lernmaterialien) an die subjektive Bedürfnislage und die individuelle Lernfähigkeit des Individuums. Die sachlichen bzw. überfachlichen, methodischen, emotional-sozialen und persönlichen Lernziele sind deshalb jederzeit darauf zu prüfen, ob sie den Möglichkeiten des Lernenden (noch) gerecht werden.

Wie Gervé (1998) richtigerweise hervorhebt, kann dies nur gelingen, *»wenn ständig gemeinsam über den Unterricht nachgedacht wird, wenn Unterricht selbst zum Gegenstand des Unterrichts (Metaunterricht) wird«* (Gervé 1998, S. 128):

Schülerinnen und Schüler können dazu
- im Gesprächskreis aktuell über die gerade abgeschlossene Phase Freier Arbeit sprechen (was war gut, was weniger …?);
- nach der Freiarbeit einen gemeinsamen Reflexionsbogen ausfüllen (bzw. ankreuzen), der in der Klasse aushängt;
- evtl. Videoaufnahmen der eigenen Arbeit ansehen und besprechen;
- …

Die Lehrkraft kann dazu
- regelmäßig die Arbeitsdokumentationen der Schüler/innen durchsehen und bestätigen;
- Reaktionen der Schüler/innen auf bestimmte Materialien oder deren Einführung gezielt beobachten und festhalten;
- Tests durchführen zu Aufgaben, die in der Freien Arbeit angeboten waren;
- Foto-, Tonband-, Videoaufnahmen machen und auswerten;
- …

5.5 Beispiele

Freie Sacharbeit ohne direkte lehrplanbezogene Bindung

Lehrplan-ungebundes Thema   Didaktische Intentionen (vgl. Meier 1995, S. 87ff.): Viele Sachen, Phänomene, Materialien und Situationen sind für Kinder gleichermaßen faszinierend wie geheimnisvoll. Während der Grundschulzeit sollten sie immer wieder über einen begrenzten Zeitraum angeboten werden, »um dann anderen Arbeitsmöglichkeiten und Materialbeständen Platz zu machen (…) Die Angaben zur Klassenstufe sind Orientierungsgrößen, manche Angebote sollten auf Dauer vorhanden sein, sich aber mit den Kindern und aus Anlass weiterentwickeln« (Meier 1995, S. 87).

Die Angebotspalette enthält u.a. diese Beispiele

Szenisches Material zur Rollengestaltung

Ein Teil der Kinder arbeitet oder spielt gerne gemeinsam, indem sie Rollen vereinbaren, die sie dann im Zusammenwirken und in der Auseinandersetzung gestalten.

Beispiel: In einem 3. Schuljahr steht auf dem Schrank eine größere Kiste mit Kleidungsstücken und dem besonders wichtigen Beiwerk. In einer kleineren Kiste finden sich Masken, die vor Jahren durch eine 4. Klasse hergestellt wurden. Immer wieder fragen einige Kinder nach dieser Kiste und beginnen mit Verkleidungsspielen, die neben wiederkehrenden Themen (Mutter und Kind) auch häufig aktuelle Bezüge enthalten. Im Morgenkreis zeigt die Lehrerin bei Gelegenheit, wie man eine aus einer Schablone entwickelte Menschenfigur bekleiden kann. Nach und nach entstehen etwa 20 solcher Kleiderpuppen mit faszinierend origineller Ausstattung.

Quelle: Richard Meier 1995, S. 88

Szenisches Material zu bestimmten Themenkreisen

Für viele Schülerinnen und Schüler sind Sammlungen fertiger Situationskomponenten faszinierend, mit denen sie Szenen gestalten können. Sie setzen sich dabei mit den eigenen Erlebnissen und Erfahrungen und mit übernommenen Mustern auseinander.

Beispiel: In einem Regal steht über vier Jahre hinweg »Schulmaterial« wie Püppchen, Tische, Bänke, eine Tafel und anderes. Einige Kinder gestalten auf dem breiten Fenstersims immer wieder Schulsituationen, deren Modelle manchmal erschrecken, die nachdenklich machen.

Weiteres Beispiel: Im kleinen Nebenraum einer 1. Klasse gibt es einen Kaufladen und eine Post, die sich ihr Material und ihren Standort teilen. Regelmäßig befassen sich einige Kinder mit diesen Angeboten. Sie führen neue Techniken und Vorgänge ein. Zeitweise sind im 2. Schuljahr drei Kinder damit beschäftigt, sich gegenseitig »Faxe« zu schreiben, um sie dann in einem simulierten technischen Vorgang einander zuzusenden.

Quelle: Richard Meier 1995, S. 89

Sammlungen

Mit den Schülerinnen und Schülern lassen sich Sammlungen zu bestimmten Themen anlegen, die interessant und ergiebig sind. Geeignete Themen sind zum Beispiel: Federn, Steine, Hölzer, Muschel- und Schneckenschalen, Früchte und Samen, Textilien, Kleidungsstücke, Kuriosa, alte Sachen, Bilder, alte Bilder, alte Fotos, Postkarten, Pläne und Karten, Arbeitsproben und Texte vorausgegangener Klassen, Küchengeräte, Werkzeuge, Zeugnisse aus anderen Kulturen und Zivilisationen ... Einige Kinder sind mit solchen Sammlungen immer wieder beschäftigt, freuen sich daran, ordnen sie neu, erkundigen sich über die Bedeutung bestimmter Dinge, ergänzen die Sammlung.

Quelle: Richard Meier 1995, S. 89

Freie Arbeit im Zusammenhang lehrplanbezogener Themenstellung

Die Freie Arbeit ist als Konzept eine sehr wirksame Möglichkeit, den Kindern zu eigener Initiative, originaler Begegnung und Handlungsorientierung im Rahmen der Erarbeitung lehrplanpflichtiger Themen zu verhelfen, wie am Beispiel der Unterrichtseinheit »Wald« pädagogisch und didaktisch klar erkennbar wird (vgl. Meier 1995, S. 93ff.). An dieser Stelle werden lediglich einige Ausschnitte aus dem gesamten Ablauf exemplarisch zu Anschauungszwecken herausgegriffen:

Lehrplanbezogenes Thema

September 1992

Freie Arbeit, Typ: Freiwillige Vorbereitung auf ein kommendes Thema

Formulierung: Zwischen Oktober in diesem Jahr und Juni im nächsten Jahr werden wir am Thema Wald arbeiten. Im Juni 1993 fahren wir dann ins Waldheim nach Angerloch. Bis dahin müssen wir viel über den Wald wissen und können und fragen. Du kannst dich jetzt zusammen mit Partnern auf das Thema vorbereiten.

Arbeitsvorschläge:
- Die Bilder und Texte aus dem 2. Schuljahr (grüne Mappe) wieder ansehen und lesen.
- Die Bücher im schrägen Regal ansehen, lesen und Fragen aufschreiben. Vielleicht findet ihr gemeinsam Arbeitsvorschläge für uns alle.
- Überlegen, wo wir Informationen bekommen, wer uns Auskunft geben kann, wo wir den Wald beobachten können, was wir beobachten können.
- Ihr könnt ein Waldplakat mit euren Ideen, eurem Wissen, mit Material und Fragen malen und schreiben.

Quelle: Meier 1995, S. 94–96

Oktober 1992

Beginn der gemeinsamen Arbeit: Bestandsaufnahme an Wissen und Material, Formulierung der Fragen, der Arbeitsideen und des ersten Arbeitsplanes.

Freie Arbeit, Typ: Begleitende Arbeit zu einem gemeinsamen Thema

Formulierung: Wir arbeiten jetzt am Thema Wald, ihr könnt auch für euch und mit Partnern an diesem Thema arbeiten.

Vorschläge:
- Eigene Bücher mitbringen und ein Inhaltsverzeichnis mit genauen Angaben schreiben.
- Ein Bild malen zu einem Waldthema, das euch besonders interessiert.
- Fragen und Aufgaben für die gemeinsame Arbeit in der Klasse ausdenken.
- Am Wochenende eigene Beobachtungen im Wald machen. Nach Fachleuten suchen.
- Aus dem Wald Fundstücke mitbringen, aber: Nichts abreißen, nichts ausgraben, nur lose und kleine Fundstücke aufsammeln.

Quelle: Meier 1995, S. 94–96

November 1992

Gemeinsame Arbeit: Arbeit mit Fachleuten (Schwerpunkt).

Freie Arbeit, Typ: Vorbereitung auf eine besondere Situation

...

Quelle: Meier 1995, S. 94–96

Dezember 1992

Gemeinsame Arbeit: Das Thema Wald ruht. In diesem Monat entsteht eine Gedichtsammlung der schönsten und beliebtesten Gedichte dieser Klasse, in die auch mehrere Waldgedichte aufgenommen wurden.

Freie Arbeit, Typ: Arbeit an einem besonderen Aspekt

...

Fortsetzung der Arbeit bis zum Abschluss Juni/Juli 1993 mit einer Waldausstellung und einem Waldabend.

Quelle: Meier 1995, S. 94–96

5.6 Qualitätskriterien

Die Möglichkeiten zum eigenverantwortlichen Lernen sind innerhalb der Freiarbeitskonzeption besonders vielfältig und damit auch »anspruchsvoll«. Gleichwohl können Schülerinnen und Schüler schon früh, im Grunde mit »Beginn der 1. Klasse« lernen, Verantwortung zu übernehmen und Eigeninitiative zu beweisen, indem sie Aufgabenstellungen und Aufträge selbstständig bewältigen. Selbstverständlich nicht ungeachtet der situativen Bedingungen und individuell unterschiedlichen Lernbiographien.

Qualitätssicherung

Freie Arbeit muss gelernt werden
Dazu bedarf es einer klaren Struktur

Konzept

An erster Stelle stehen Überlegungen zu Zielen, Begründungen und Organisation der Freien Arbeit. Ein Konzept zu entwickeln bedeutet daher, der Freien Arbeit von vornherein eine helfende Organisationsstruktur zu geben, also den gesamten Ablauf vorzudenken:

Checkliste

- Welche Inhalte sollen zunächst das Angebot an Arbeitsmöglichkeiten bestimmen?
- Wie viel Zeit kann zu Anfang regelmäßig der Freien Arbeit zur Verfügung gestellt werden? Wie beginnen Phasen Freien Arbeitens, wie enden sie, wie wird das Ordnunghalten sichergestellt?
- Wer darf wann was – und was ist, wenn Schüler/innen andere in ihrer Freiheit einschränken oder stören?
- Welche Freiheiten können gewährt, welche Grenzen müssen gesteckt werden; welche Regeln werden notwendig sein, welche Rituale sind einzuführen, die den Kindern Orientierung geben?
- Welche Bearbeitung der angebotenen Aufgaben erwartet man?
- Wie wählen die Schüler/innen aus, wie finden sie sich zurecht, wie dokumentieren sie ihre Arbeit?
- Wie kann auf Störungen reagiert werden? Welche Disziplinierungsmaßnahmen stehen zur Verfügung, und wann müssen sie zur Anwendung kommen?

Diese Überlegungen werden sehr persönlich auf die eigene Situation und die Klasse abgestimmt sein, denn die Verantwortung für den Unterricht trägt weiterhin die Lehrkraft. Es geht um die Entwicklung eines individuell tragfähigen Konzepts zur Öffnung von Unterricht.

Freiarbeit soll wachsen und nicht wieder
eingeschränkt werden müssen

Material

Eignung des Freiarbeitsmaterials sichern

Bevor es losgeht, müssen auch genügend Arbeitsmöglichkeiten in Form von Materialien oder materialunabhängigen Aufgaben(-karten) gesammelt und ihre »professionelle« Präsentation im Klassenraum vorbereitet werden, so dass dieser nicht einfach zu einem Sammellager von Spielen, sondern zu einem wohlgeordneten Lernraum wird. Die Aufgaben und Materialien für den Anfang müssen einfach und in relativ kurzer Zeit zu bearbeiten sein, denn die eigentlichen Schwierigkeiten liegen zu Beginn in der Unterrichtsform selbst. Doch bald brauchen die Schüler/innen anspruchsvolle Arbeitsangebote, daher muss schon mit bedacht werden, wie es nach dem Einstieg weitergeht, welche Materialien könnten folgen, welche können sinnvoll erweitert oder abgelöst werden, für welche Themen der gegenwärtigen Lehrplansequenz bzw. dem zurzeit behandelten Unterrichtsstoff finden sich geeignete Materialien, usw. (vgl. Gervé 1998, S. 155).

Wiederholungs- und Übungsaufgabe

Freie Arbeit verlangt von den Kindern und Jugendlichen ein gehöriges Maß an Eigenverantwortlichkeit und Selbstorganisation. Was würden Sie tun, um diese Prozesse zu unterstützen?

_____

_____

_____

_____

_____

Welche Regeln und Leitlinien würden Sie Schülerinnen und Schülern an die Hand geben, damit diese die angestrebte Balance zwischen Freiheit und sinnvoller Selbstdisziplin umsetzen können?

_____

_____

_____

_____

Wie würden Sie mit Freiarbeit beginnen, welche Schwierigkeiten würden Sie bei den Schülerinnen und Schülern und bei sich selbst erwarten und wie wollen Sie damit umgehen?

_____

_____

_____

_____

_____

Argumentationsübung

Welche Fragen könnte die **Schulaufsicht** zur Freiarbeit aufwerfen und mit welchen Antworten könnten Sie darauf eingehen?

6. Lehren und Lernen nach dem Projektarbeitskonzept

Projektlernen fügt sich ausdrücklich in die Ziele eines auf dem Mündigkeitspostulat basierenden Allgemeinbildungsbegriffs der Schule ein, denen zufolge Demokratisierung und Humanisierung gesellschaftlicher Verhältnisse ebenso zum schulischen Auftrag gehören wie dazu die Voraussetzung zu schaffen, dass das Individuum über die nötigen Kompetenzen zur Wahrnehmung individueller Selbstbestimmung und gesellschaftlicher Mitverantwortung verfügen kann.

6.1 Was ist Projektarbeit?

Projektarbeit stellt eine schüleraktive Lehr- und Lernform dar, in dessen Mittelpunkt die »unmittelbare Bedürfnis- und Lebensweltorientierung« der Thematik steht. Die Projektidee bezieht sich auf ein »reales«, subjektive Betroffenheit auslösendes Problem bzw. eine solche Fragestellung. Kennzeichnend für Projektlernen ist die »Vollständigkeit des Lernprozesses«, d.h. von der Verständigung über die Ausgangsproblematik und die intendierten Lern- und Entwicklungsziele bis zur Evaluation und Reflexion des Produkts im Hinblick auf die ursprüngliche Zielperspektive in einen zusammenhängenden Arbeitsprozess zu gelangen.

Definition

Ein Projekt geht von einer (Schüler-)Initiative und -Idee aus, benötigt als Arbeitsgrundlage eine Projektskizze, einen Projektplan und entsprechende Projektziele, damit die Lösung der Aufgabenstellung »methodisch klug bedacht« tatsächlich erreicht wird.

6.2 Pädagogisch-didaktische Komponenten der Projektarbeit

Es lässt sich unterscheiden zwischen den unbedingten, bedingten und erwünschten Voraussetzungen (vgl. Petri 1991, S. 19).

Komponentenstrukturaler Ansatz

Die *essenziell-spezifischen Komponenten* sind unverzichtbar für jede Projektarbeit. Die Arbeitsorganisation zur Bewältigung des Projektauftrages sollte grundsätzlich dieser Phasenstruktur folgen:

- Zielbestimmung,
- Planung,
- Durchführung,
- Reflexion.

Die *essenziell-unspezifischen Komponenten* sind zwar jeder Projektarbeit wesenseigen, sind aber auch für andere schüleraktive Unterrichtsformen kennzeichnend. Dabei handelt es sich um die Kriterien

- handelndes Lernen,
- Selbst- und Mitbestimmung der Lernenden,
- ganzheitliches Lernen,
- kreatives, forschendes Lernen,
- kooperative Arbeitsformen.

Optionale Komponenten sind zwar wünschenswert, müssen jedoch nicht in jedem Projektunterricht realisiert werden. Dies betrifft

- fächerübergreifendes Arbeiten und
- Außenweltkontakte.

6.3 Pädagogisch-didaktische Leitsätze

Projektlernen ist systematisches, geplantes Lernen.

- Projektarbeit ist wie alle weiteren schüleraktiven Lehr- und Lernformen »normaler« Unterricht, d.h. orientiert an der Lehrplanthematik und den Erziehungszielen des Bildungsauftrags der Schule: Erst wenn schüleraktive Lehr- und Lernformen zum Bestandteil alltäglichen Unterrichts werden, können sich ihre positiven Impulse auf die Schule auswirken.

Leitlinien der Projektarbeit

Der Weg ist das Ziel. Ein wichtiger Grundsatz – dennoch nur die halbe Wahrheit der Projektarbeit.

- Ein Projekt bleibt stets produktorientiert. Dies bedeutet nicht, dass ein konkreter Gegenstand entstehen muss, sondern lediglich, dass ein Projekt mit einem Ergebnis abschließt. Dies hat einen Gebrauchs- und/oder Mitteilungswert.

Die Rolle des Lehrers im Projekt ist gleichzeitig die eines Lehrenden und Lernenden.

- Es ist nicht im Voraus, d.h. beispielsweise schon vor dem Projektbeginn, festlegbar, ob stärker die lehrende oder die lernende Seite betont werden sollte. Dies ist ausschließlich vom Projektverlauf abhängig zu machen und charakteristisch für flexibles Rollenverhalten.

Die veränderte Lehrerrolle spiegelt sich in einer Erweiterung und Dynamisierung des Verhältnisses von Lehren und Lernen wider.

- Folgende Kompetenzen kennzeichnen das Rollenverständnis während der Projektarbeit:
  - Instrukteur/Lehrender
  - Berater
  - Stratege
  - Diagnostiker
  - Konfliktmanager
  - Sachexperte
  - Moderator
  - Planer
  - Gruppenleiter
  - Kontrolleur
  - Interessierter Laie/Lernender
  - ...

> Größtmögliche Zubilligung von selbstorganisiertem und eigenverantwortlichem Lernen sollte für den Lehrer nicht bedeuten, die Projektgruppe »sehenden Auges gegen die Wand laufen zu lassen«. Deshalb wird der Lehrer erkennen müssen und dazu bereit sein, vorübergehend mehr oder weniger stark lenkend in Projektprozesse einzugreifen.

Prinzip des gelingenden Lernens aufrechterhalten

Dem Projektlernen »Form« geben.

- Der Wert eines Projekts liegt nicht darin, dass alle irgendwie beschäftigt sind und demzufolge auch irgendwie und irgendetwas lernen, sondern dass ein gesetztes Ziel möglichst optimal unter Beteiligung aller Projektmitglieder und unter Beachtung ihrer unterschiedlichen Interessenlagen, Fähigkeiten und Kompetenzen erreicht wird.

6.4 Phasenstruktur der Projektarbeit

Damit Projektlernen »erfolgreich« gemäß der selbstgestellten Erwartungen und Ansprüche an die Realisierung der Projektidee wird, muss es inhaltlich und organisatorisch sorgfältig geplant und durchgeführt werden. Dazu wird ein Vorgehen in vier Schritten vorgeschlagen:

1. Zielbestimmung

Ziel

- Alle Beteiligten an einem Projekt werden sich über Gegenstand/ Thema der gemeinsam angestrebten Arbeit klar und »einig«.
- Die Erarbeitung der Zielsetzung erfordert Transparenz für alle Beteiligten.
- Erwartungen/Motive/Ansprüche oder Vorbehalte etc. müssen gegenseitig bekannt gemacht worden sein. Dies gilt vor allem für die von der Lehrkraft geforderten bzw. formulierten (insbesondere hinsichtlich ihrer eigenen »pädagogischen«) Zielsetzungen und Leitprinzipien, die sie mit dem Projektlernen verbindet und deshalb nach Möglichkeit realisiert wissen möchte.

2. Planung

Plan

- Welche Teilaspekte sind dem Ganzen (Projektidee) abzugewinnen?
- Wie wollen wir vorgehen?
- Wer übernimmt welche Aufgabe(n)?
- Welche Materialien, Informationen, Hilfsmittel etc. müssen beschafft werden?
- In welchem Zeitraum sollen welche Teilschritte verwirklicht werden?
- Planungsprämissen und Aktivitäten sollten visualisiert werden in Form einer Zeitleiste/eines Ablaufdiagramms bzw. Tätigkeitendiagramms.

3. Durchführung

Verwirklichung

- »Umwege« (»Fehler«) gehören zum Projektlernen dazu.
- Schwierigkeiten stellen Herausforderungen dar, um überwunden zu werden und nicht, um jedes Mal zuerst das Ziel oder die Planung infrage zu stellen oder neu bestimmen zu wollen.
- In den Arbeitsgruppen, die sich während der Planungsphase gebildet haben, sollte sich die Grundstruktur des Projektablaufs wiederholen (=> Zielbestimmung, Planung, Durchführung, Reflexion).

4. Reflexion/Feedback

ergebnisorientiert

- Abschlussreflexion/Repräsentation des Ergebnisses.
- Meinungen der Projektgruppe und Meinungen von außerhalb werden herangezogen.

Rückschau und Ausblick

Erfolgt im Anschluss an ein Projekt eine öffentliche Präsentation in Form eines Abschlusstages/-nachmittags etc. ließe sich eine Reflexion anhand folgender Fragestellung denken:

- Was gefiel/gefiel nicht an der Präsentation der Ergebnisse?
- Was war positiv/negativ an der inhaltlichen Konzeption?
- Was war positiv/negativ an der organisatorischen Vorbereitung?
- Was sollte unbedingt verbessert werden?

prozessorientiert

Als Bestandteil der Realisierungsphase: zu bestimmten Zeitpunkten wird innerhalb der jeweiligen Arbeitsgruppe/der gesamten Projektgruppe über Einzelaspekte reflektiert, wie:

- Kommunikations- und Koordinationsprobleme
- Überdenken der Planung/der Planungsstrategien (Stimmen unsere Ziele noch?)
- Stand der Arbeit (Liegen wir in der Zeit? Haben wir schon die Erkenntnisse gewonnen, die wir anstrebten?)
- Gelungene Aktivitäten, Widerstände, Arbeitsverzögerungen etc.
- Methoden (Setzen wir die richtigen Lerntechniken ein? Verfügen wir über die angemessenen Lern- und Handlungsstrategien?)
- Umorientierung (Was muss anders gemacht werden? Was hilft uns besser weiter?)

6.5 Themenbeispiele

- Gemeinsame Tage im Wald
  Das Projekt einer Grundschule mit einem Kindergarten
  (Christiane Dettmar-Sander 2002, S. 40ff.)

- Das Wassermuseum der 1a
  Eine Projektwoche zum Thema Wasser
  (Brigitte Hölzel 1998, S. 18ff.)

Beispiele

- Film ab für die Hexen
  Videofilm-Projekte für die 1. und 2. Klasse
  (Andrea Peschel 2000, S. 11ff.)

- Wir leben in Europa
  Grundschulkinder einer *dritten* Klasse gestalten eine Ausstellung
  (Claudia Imsiecke 2001, S. 45ff.)

- Das Projekt »Schnecke«
  Wie aus einer Schüleridee ein Projekt entstanden ist (3. Klasse)
  (Sabine Stolzenberg 2000, S. 23ff.)

- Wir bauen ein Solarhaus (3. und 4. Klasse)
  (Claus Claussen 2003, S. 24ff.)

- Die Dinggeschichte aus dem reisenden Koffer
  Von der Idee bis zum Projekt einer Schreibwerkstatt (4. Klasse)
  (Raila Gärtner 2004, S. 4ff.)

6.6 Qualitätskriterien

Qualitäts-
sicherung

1. **Wirklichkeitsbezug:** Stand ein echtes Problem am Anfang, an dessen Lösung die Schülerinnen und Schüler tatsächlich ein ausgeprägtes Eigeninteresse hatten bzw. haben mussten?

2. **Eigenverantwortlichkeit:** Bot die Projektinitiative genügend Möglichkeiten, die erforderliche Arbeit selbst zu planen, in Eigenregie durchzuführen und auszuwerten?

3. **Interaktions- und Kommunikationsstruktur:** Inwieweit waren die herkömmlichen Kommunikations- und Autoritätsstrukturen abgebaut und »demokratisiert« worden?

4. **Arbeits- und Verhaltensregeln:** Gab es klare Regeln, die gemeinsam aufgestellt und von beiden Seiten eingehalten wurden?

5. **Mehrdimensionalität des Lernens:** Wurden mit der Projektarbeit unterschiedliche Lern- und Handlungsmodi angesprochen, z.B. kognitiv-verbale, handwerklich-praktische, künstlerisch-kreative, emotional-soziale? Ließ die Projektarbeit die Aufnahme und Kodierung neuen Wissens über verschiedene Lernkanäle zu?

6. **Außerschulische Lernorte:** Wurde ein unmittelbarer Bezug zur Lebenswelt der Schülerinnen und Schüler hergestellt, indem die Projektarbeit (teilweise) an außerschulische Orte verlagert wurde?

7. **Fächerübergreifendes Lernen:** Wurde mit der Projektarbeit fächer-verbindendes bzw. fächerübergreifendes Lernen angestrebt, und wie wurde diese Intention bewältigt? Wo hätten sich »ganzheitliche«, d.h. fächerübergreifende, Lösungen angeboten und inwieweit wurden sie realisiert?

8. **Bedeutsamkeit des Lernens:** Waren die Ergebnisse des Projektler-nens tatsächlich für das gegenwärtige Leben bzw. die gegenwärtige Lebenswelt der Schülerinnen und Schüler von subjektiver Relevanz und/oder darüber hinaus gesellschaftlich bedeutsam?

9. **Lehrerrolle:** Wurden die verschiedenen Komponenten der Lehrerrol-le während des Projektlernens situations- und bedarfsgerecht ausge-füllt oder kam es zur Bevorzugung einiger weniger und Vernachläs-sigung der weiteren anderen? Waren die Lehrerfragen weiterführend, problemmotivierend und konkret? Wurden Umwege und Irrwege als notwendige Bestandteile der Projektarbeit aufgefasst und konstruk-tiv in Beratungssituationen aufgegriffen? Hatten Störungen und Konflikte Vorrang vor Sachproblemen? Wurden Reflexionsangebote gemacht und eingehalten?

10. **Akzeptanz der Projektarbeit:** Die individuellen Freiräume für erfah-rungsorientiertes, entdeckend-problemlösendes Lernen wurden als »normal« akzeptiert und demzufolge wurde die Unterrichtszeit auf-gabenbezogen genutzt?

Wiederholungs- und Übungsaufgabe

Überlegen Sie, was in fünf Kernargumenten Projektarbeit in der Schule heißt.

_____

_____

_____

_____

_____

_____

Worin bestehen die Hauptaufgaben der Lehrkraft während der Projektarbeit? Begründen und diskutieren Sie Ihre Auswahl!

_____

_____

_____

_____

_____

Wie kann es gelingen, welche Schritte sind dazu nötig, damit Projektlernen selbstverständliche Lehr- und Lernform im Unterricht wird? Notieren Sie in Stichpunkten die wichtigsten und vordringlich zu klärenden Aspekte.

_____

_____

_____

_____

_____

_____

Argumentationsübung

Welche Fragen von **Eltern** könnten Ihnen zur Projektarbeit gestellt werden und wie würden Sie darauf argumentieren?

7. Schüleraktivität als Unterrichtsprinzip

Als entscheidend für schüleraktive Lehr- und Lernformen sind Selbst- und Mitverantwortungsmöglichkeiten der Schülerinnen und Schüler zu betrachten. Mit schüleraktiven Lehr- und Lernformen sollen Schülerinnen und Schüler systematisch in die Selbstorganisation der eigenen Lern- und Arbeitstätigkeit eingeführt werden, wozu es der »schrittweisen« Erweiterung von individuellen Planungs- und Handlungsspielräumen bedarf. Zunehmende Selbstwahl und Selbstdefinition von Themen und Aufgabenstellungen sowie verstärkte Selbstkontrolle der Prozesse und der Lösungen sind Prinzipien einer schulischen Lernkultur, deren Perspektive in dem Ziel liegt, Schülerinnen und Schüler an die Kompetenz »selbstregulierten« Lernens heranzuführen bzw. sie zu befähigen, diese aufzubauen.

7.1 Offenheit als dynamischer Prozess

»Offenheit« steht für eine Didaktik der Unterrichtsentwicklung

Mit dem Wort von der »Offenheit« besteht die Gefahr, an etwas in sich Abgeschlossenes, sozusagen ein fertiges Produkt, zu denken. Entweder ist etwas »offen« oder nicht. Dies ist mit schüleraktiven Lehr- und Lernformen aber überhaupt nicht gemeint, weil Lehr- und Lernarrangements mit unterschiedlichen Freiräumen, also »Öffnungsgraden«, didaktisch gewollt und sinnvoll sind. »Offenheit« ist demnach als eine Aufforderung und als ein Programm zu verstehen, indem der traditionelle Unterricht »geöffnet« wird, oder mit anderen Worten: »eröffnende« Elemente auf der methodisch-organisatorischen, didaktisch-inhaltlichen und pädagogisch-politischen Ebene (vgl. Brügelmann 1999) den eigenverantwortlichen Handlungsspielraum der Schülerinnen und Schüler erweitern. Schüleraktive Lehr- und Lernarrangements sollten so geplant und angeboten werden, dass die Anteile mit- und selbstbestimmten Lernens sukzessiv vergrößert werden.

> *So viel Eigenverantwortlichkeit wie möglich in die Hand des Lernenden zu geben, ist ein langfristig angelegtes Perspektivziel, an dessen Ende das selbstregulierte Lernen steht.*

7.2 Zur konstruktiven und produktiven Durchdringung von lehrer(an)geleiteten und schülergestalteten Unterrichtsaktivitäten

Weil die »relative« Offenheit als dynamisches Grundprinzip für schüleraktive Lehr- und Lernformen charakteristisch ist, hat Unterrichtsplanung diesem Ausgangsbefund Rechnung zu tragen. Nicht nur das Lernen nach dem Arbeitsplankonzept, sondern ebenso die Stationen-, Frei- und Projektarbeit lassen zwischen den »idealen« Endpunkten von (größtmöglicher) Offenheit und von (größtmöglicher) Geschlossenheit eine Vielzahl von unterschiedlich »geöffneten« Unterrichtsarrangements zu. Mit der Didaktik schüleraktiven Lehrens und Lernens kann augenscheinlich eine schon lange erhobene Forderung erfüllt werden, nämlich endlich von der »Lehrerdidaktik« zur »Lernerdidaktik« zu gelangen.

»Relative« Offenheit als dynamisches Grundprinzip

> *»Der wichtigste Handlungsträger ist für mich«, schreibt Flechsig (1978), »dabei der Lernende selbst. Je bewusster er die didaktischen Entscheidungen selbst nachvollziehen und mitbestimmen kann, … umso höher ist nach meinem Verständnis die Qualität von Unterricht« (S. 120ff.).*

Mit schüleraktiven Unterrichtsformen hat sich eine Perspektive entwickelt, die zwar den Schüler als Lernsubjekt in angemessener Weise berücksichtigt, nicht aber in einen naiven Paradigmenwechsel einmündet, statt Lehrerdidaktik oder anders gesagt: statt Orientierung an verbindlichen Bildungs- und Erziehungsaufgaben, ausschließliche Berücksichtigung subjektiver Schülerinteressen propagiert. Vielmehr geht die Didaktik des schüleraktiven Lehrens und Lernens von einem dynamischen Aufeinanderverwiesensein von Lehrerdidaktik und Lernerdidaktik aus.

»Relative« Geschlossenheit muss ebenfalls zu einem dynamischen Grundprinzip werden

> *Lehrerangeleitete Unterrichtsphasen bleiben notwendig und bedeutsam für schulisches Lernen. Vieles kann richtigerweise, d.h. situations- und entwicklungsangemessen, in direkten Instruktions- und Unterweisungsarrangements vermittelt werden. Jedoch entscheidend ist:*

Die gegenseitige, unterrichtszweckmäßige Komplementarität von »Geschlossenheit« und »Offenheit« kann nur gelingen, wenn beide Prinzipien »dynamisch« aufgefasst werden, d.h. einerseits graduell unterschiedlich geschlossene Lernarrangements geplant und durchgeführt werden und sich andererseits der jeweilige »Grad der Geschlossenheit« kompatibel zu einem entsprechenden »Grad der Offenheit« verhält. Oder einfacher formuliert: Ein sehr rigides, geschlossenes Unterrichtsarrangement lässt sich nicht mit einem weit geöffneten verbinden.

Rückblende

Sowohl »Offenheit« als auch »Geschlossenheit« sollen »dynamisch« verstanden werden. Welche Konsequenzen sind damit für die Alltagsroutine Ihres pädagogischen Handelns zu ziehen?

Notieren Sie bitte Stichpunkte zu Ihren Gedanken und diskutieren Sie diese Ergebnisse im vertrauten Kreis mit Kolleginnen und Kollegen.

_____

_____

_____

_____

_____

_____

_____

Literaturverzeichnis

Ackermann, P.L. (1989): Individual differences an skill of acquisition. In: Ackermann, P.L. et al. (Eds.): Learning and individual differences. New York: Freeman, S. 165–217.

Anderson, J.R. (1982): Acquisition of cognitive skill. In: Psychological Review, 89, S. 369–406.

Anderson, R.C./Spiro, R.J./Montaque, W.E. (1977): Schooling and the aquisition of knowledge. Hillsdale, NJ: Erlbaum.

Antenbrink, H. (1973): Die Instruktion als Determinante kognitiven Lernens. In: Unterricht als Determinante kognitiven Lernens. Weinheim und Basel: Beltz, S. 73–105.

Aregger, K. (1997): Unterrichtsformen. Studienbuch für die Unterrichtsgestaltung. Aarau/Frankfurt a.M./Salzburg: Verlag Sauerländer.

Arnold, R./Schüßler, J. (1998): Wandel der Lernkulturen. Ideen und Bausteine für ein lebendiges Lernen. Darmstadt: Wissenschaftliche Buchgesellschaft.

Artelt, C. u.a. (2001): Selbstreguliertes Lernen. In: Deutsches PISA-Konsortium (Hrsg.): PISA 2000. Basiskompetenzen von Schülerinnen und Schülern im internationalen Vergleich. Opladen: Leske und Budrich, S. 271–298.

Bannach, M. (2002): Selbstbestimmtes Lernen. Hohengehren: Schneider-Verlag.

Bildungskommission NRW (Hrsg.) (1995): Zukunft der Bildung. Schule der Zukunft. Neuwied: Luchterhand.

Bimmel, P./Rampillon, U. (2000): Lernautonomie und Lernstrategien. Fernstudieneinheit 23. Berlin: Langenscheidt.

Böckmann, W. (1984): Wer Leistung fordert, muss Sinn bieten: moderne Menschenführung in Wirtschaft und Gesellschaft. Düsseldorf: Econ-Verlag.

Boekarts, M. (1999): Self-regulated learning: Where we are today. In: International Journal of Educational Research, H. 31, S. 445–457.

Bräu, K. (2002): Selbstständiges Lernen in der gymnasialen Oberstufe. Hohengehren: Schneider-Verlag.

Brügelmann, H. (1999): Öffnung des Unterrichts – Befunde und Probleme der empirischen Forschung. In: Lehren und Lernen im Offenen Unterricht. Empirische Befunde u. kritische Anmerkungen. Hessisches Landesinstitut für Pädagogik. Wiesbaden, S. 71–97.

Bydlinski, G. (2002): Wasserhahn und Wasserhenne. Gedichte und Sprachspielereien. Düsseldorf: Dachs Verlag im Patmos Verlagshaus (3. Auflage).

Claussen, C. (1996): Kinder werden selbstständig – Wochenplanunterricht unterstützt sie dabei. In: Grundschulunterricht, 43 Jg., H. 3, S. 3–5.

Claussen, C. (2003): Wir bauen ein Solarhaus. In: Grundschulmagzin, 71. Jg., H. 5/6, S. 24–28.

Claussen, C. u.a. (1993): Wochenplan- und Freiarbeit. Braunschweig: Westermann.

Czcerwenka, K. et al. (1990): Schülerurteile über die Schule. Bericht über eine internationale Untersuchung. Frankfurt a.M., Bern, New York, Paris: Peter Lang Verlag.

Dann, H.-D. u.a. (1999): Gruppenunterricht als Prozess interaktiven Handelns. In: Ders. u.a. (Hrsg.): Gruppenunterricht im Schulalltag. Realität und Chancen. Erlangen: Universitätsbund.

Deci, E.L./Ryan, R.M. (1993): Die Selbstbestimmungstheorie der Motivation und ihre Bedeutung für die Pädagogik. In: Zeitschrift für Pädagogik, 39. Jg., H. 2, S. 223–238.

Delors, J. (1997): Bildung eine notwendige Utopie. In: Lernfähigkeit: Unser verborgener Reichtum. UNESCO-Bericht zur Bildung für das 21. Jahrhundert. Neuwied: Luchterhand.

Dettmar-Sander, C. (2002): Gemeinsame Tage im Wald. Das Projekt einer Grundschule mit einem Kindergarten. In: Grundschule, 34. Jg., H. 10, S. 40/41.

Deutsches PISA-Konsortium/Baumert, J. u.a. (Hrsg.) (2001): PISA 2000. Basiskompetenzen von Schülerinnen und Schülern im internationalen Vergleich. Opladen: Leske und Budrich.

Dick, G. (1996): Offene Unterrichtsformen im Anfangsunterricht. Wege zur Wochenplanarbeit. In: Grundschule, 28. Jg., H. 6, S. 50/51.

Diegritz, Th. u.a. (1999): Neue Aspekte einer Didaktik des Gruppenunterrichts. In: Dann, H.-D. u.a. (Hrsg.): Gruppenunterricht im Schulalltag. Realität und Chancen. Erlangen: Universitätsbund.

Dröge, I./Weiß, L. (2000): Lernen lernen – Lernen lehren. Praktische Unterrichtsvorschläge für die Grundschule. Donauwörth: Auer.

Faust-Siehl, G. u.a. (1996): Empfehlungen zur Neugestaltung der Grundschule. Die Zukunft beginnt in der Grundschule. Reinbek bei Hamburg: Rowohlt.

Flechsig, K.-H. (1978): Von der Lehrerdidaktik zu Lernerdidaktik. In Born, W./Otto, H.-G. (Hrsg.): Didaktische Trends. München: Urban und Schwarzenberg, S. 117–149.

Fuhrmann, J. (Hrsg.) (1980): Gedichte für Anfänger. Reinbek: Rowohlt.

Fromm, M. (1989): Heimlicher Lehrplan. In: Lenzen, D. (Hrsg.): Pädagogische Grundbegriffe. Band 2, Reinbek bei Hamburg: Rowohlt, S. 979–982.

Gärtner, R. (2004): Die Dinggeschichte aus dem reisenden Koffer. Von der Idee bis zum Projekt einer Schreibwerkstatt. In: Grundschulunterricht, 51. Jg., H. 9, S. 4–8.

Gagné R.M. (1985): The Conditions of Learning and Theory of Instruction. New York: CBS College Publishing.

Gasser, P. (1999): Neue Lernkultur. Eine integrative Didaktik. Aarau: Verlag Sauerländer.

Gervé, F. (1998): Freie Arbeit. Grundkurs für die Aus- und Fortbildung. Weinheim und Basel: Beltz.

Grell, J. (2000): Direktes Unterrichten. In: Wiechmann, J. (Hrsg.): Zwölf Unterrichtsmethoden. Weinheim und Basel: Beltz (2. Auflage), S. 35–45.

Grell, J./Grell, M. (2003): Der erarbeitende Unterricht. Eine Hypothek für das Lernen. In: Schulleitung Neue Länder. Aktualisierungslieferung 28. Neuwied: Luchterhand.

Green, N./Green, K. (2005): Kooperatives Lernen im Klassenraum und im Kollegium. Seelze-Velber: Kallmeyersche Verlagsbuchhandlung.

Gudjons, H. (2003): Frontalunterricht – neu entdeckt. Integration in offene Unterrichtsformen. Bad Heilbrunn/Obb: Klinkhardt.

Haarmann, D. (Hrsg.) (1993): Handbuch Grundschule. Band 2. Fachdidaktik: Inhalte und Bereiche grundlegender Bildung. Weinheim und Basel: Beltz.

Hage, K. et al. (1985): Das Methoden-Repertoire von Lehrern. Eine Untersuchung zum Schulalltag der Sekundarstufe I. Opladen: Leske und Budrich.

Hallitzky, M. (2002): Strukturen der Offenheit als Qualitätskriterien nachhaltigen Lernens. Bad Heilbrunn: Klinkhardt.

Hasebrook, J. (2001): Aptitude-Treatment-Interaktion. In: Rost, D. (Hrsg.): Handwörterbuch für Psychologie. Weinheim und Basel: Beltz.

Heckhausen, H. (1974): Bessere Lernmotivation und neue Lernziele. In: Weinert, F.E. u.a. (Hrsg.): Funk-Kolleg Pädagogische Psychologie, Band 1. Frankfurt a.M.: Fischer, S. 102–132.

Helmke, A. (2005): Unterrichtsqualität erfassen, bewerten, verbessern. Seelze: Kallmeyer (4. Auflage).

Hilgard, E.R./Bower, G.H. (1966): Theories of Learning. New York: Appleton-Century-Crofts (3. Auflage).

Hölzel, B. (1998): Das Wassermuseum der 1a. Eine Projektwoche zum Thema Wasser. In: Grundschulzeitschrift, 12. Jg., H. 117, S. 18–21.

Hofer, M. u.a. (1993): Die Psychologie des Lernens. In: Weidemann, B. u.a. (Hrsg.): Pädagogische Psychologie. Weinheim und Basel: Beltz (3. Auflage).

Holtappels, H.G. (1995) (Hrsg.): Entwicklung von Schulkultur. Ansätze und Wege schulischer Erneuerung. Neuwied: Luchterhand.

Holzkamp, K. (1995): Lernen. Subjektwissenschaftliche Grundlegung. Frankfurt a.M. und New York: Campus.

Hüther, G. (2004): Die Macht der inneren Bilder. Wie Visionen das Gehirn, den Menschen und die Welt verändern. Göttingen: Vandenhoeck & Ruprecht.

Imsiecke, C. (2001): Wir leben in Europa – Grundschulkinder einer dritten Klasse gestalten eine Ausstellung. In: Grundschule, 33. Jg., H. 4, S. 45–49.

Jank, W./Meyer, H. (1990): Didaktische Modelle: Grundlegung und Kritik. Universität Oldenburg: Zentrum für pädagogische Berufspraxis.

Jürgens, E. (2004): Die »neue« Reformpädagogik und die Bewegung Offener Unterricht. Sankt Augustin: Academia (6. Auflage).

Kant, I. (1978): Kritik der praktischen Vernunft. Grundlegung zur Metaphysik der Sitten. Werkausgabe. Band VII. Herausgegeben von W. Weischedel. Frankfurt a.M.: Suhrkamp (3. Auflage).

Kant, I. (1985): Was ist Aufklärung? Aufsätze zur Geschichte und Philosophie. Herausgegeben und eingeleitet von J. Zehbe. Göttingen: Vandenhoeck und Ruprecht (3. Auflage).

Klafki, W. (1985): Neue Studien zur Bildungstheorie und Didaktik. Beiträge zur kritisch-konstruktiven Didaktik. Weinheim und Basel: Beltz.

Knauf, T. (2001): Einführung in die Grundschuldidaktik. Stuttgart: Kohlhammer.

Korczak, J. (1990): Das Kind neben dir. Berlin: Luchterhand.

Kretschmann, R. (2003): Diagnostik in der gymnasialen Bildung. File:/E:/Diagnosekompetenz/Kretschmann Diagnostik in der gymansialen Bildung. htm.

Krüger, R. (1991): Projekt Offener Unterricht. Schulleiter Handbuch. Bd. 60. Braunschweig: SL-Verlag.

Küspert, P. (2001): Wie Kinder leicht lesen und schreiben lernen. Neue Strategien gegen Legasthenie. Ratingen: Schwann.

Landolt, H. (1996): Erfolgreiches Lernen und Lehren. Aarau: Verlag Sauerländer (3. Auflage).

Landwehr, N. (1998): Schritte zum selbstständigen Lernen. Eine praxisorientierte Einführung in den Lern- und Wochenplanunterricht für Lehrpersonen der Primarschule sowie der Sekundarstufe I und II. Aarau: Verlag Sauerländer.

Leutner, D.: Instruktionspsychologie. In: Rost, D. (Hrsg.) (2001): Handwörterbuch pädagogische Psychologie. Weinheim und Basel: Beltz (2. Auflage), S. 267–276.

Lipowsky, F. (1999): Offene Lernsituationen im Grundschulunterricht. Frankfurt a.M.: Peter Lang Verlag.

Lockl, K./ Schneider, W. (2002): Selbstreguliertes Lernen im Grundschulalter. In: Psychologie und Unterricht, 49. Jg., H. 1, S. 3–16.

Lukesch, H. /Kirschel, K.-H. (1987): Unterrichtsformen an Gymnasien. In: Zeitschrift für erziehungswissenschaftliche Forschung, 21. Jg., H. 4, S. 237–256.

Mandl, H./Friedrich, H.F. (1992): Lern- und Denkstrategien. Analyse und Intervention. Göttingen: Hogrefe.

Mandl, H./Friedrich, H.F. (1997): Analyse und Förderung selbstgesteuerten Lernens. In: Weinert, F.E./Mandl, H.: Psychologie und Erwachsenenbildung. Göttingen: Hogrefe, S. 237–295.

Mandl, H./Krause, U.-M. (2001): Lernkompetenz für die Wissensgesellschaft. Forschungsbericht Nr. 145. Universität München.

Maslow, A.H. (1991): Motivation und Persönlichkeit. Reinbek b. Hamburg: Rowohlt.

Meier, R. (1995): Allgemeindidaktische fächerübergreifende Aspekte der Freien Arbeit. In: Claussen, C. (Hrsg.): Handbuch Freie Arbeit. Konzepte und Erfahrungen. Weinheim und Basel: Beltz, S. 59–75.

Meier, R.(1995): Freie Arbeit im Sachunterricht der Grundschule. In: Claussen, C. (Hrsg.): Handbuch Freie Arbeit ... a. a. O., S. 85–96.

Menzel, B. (1996): Wochenplanarbeit – Lernchance für Kinder. In: Grundschulunterricht, 43. Jg., H. 3, S. 9–11.

Meyer, H. (1980): Leitfaden zur Unterrichtsvorbereitung. Kronberg/Ts., Hannover: Scriptor Cornelsen.

Meyer, H. (1987): Unterrichtsmethoden. Band 2: Praxisbuch. Frankfurt a.M.: Scriptor Cornelsen.

Meyer, H. (2004): Was ist guter Unterricht? Berlin: Scriptor Cornelsen.

Mietzel, G. (2003): Pädagogische Psychologie des Lernens und Lehrens. Göttingen: Hogrefe (7. korrigierte Auflage).

Mittelstraß, J. (2002): Bildung und ethische Maße. In: Killius, N. et al. (Hrsg.): Die Zukunft der Bildung. Frankfurt a.M.: Edition Suhrkamp.

Müller, S./Zuber, M. (1997): »Hermann, das Meerschwein« von Erwin Moser. Stationenlernen zum Thema Freundschaft. In: Grundschulmagazin, 65. Jg., H. 11, S. 15–18.

Niggli, A. (2000): Lernarrangements erfolgreich planen. Didaktische Anregungen zur Gestaltung Offener Unterrichtsformen. Aarau: Verlag Sauerländer.

Nüesch, Ch./Zeder, A./Metzger, Ch. (2003): Unterrichtseinheiten zur Förderung von Lernkompetenzen. Universität St. Gallen: Institut für Wirtschaftspädagogik.

Peschel, A. (2000): Film ab für die Hexen. Videofilm-Projekte für die 1. und 2. Klasse. In: Grundschulmagazin, 68. Jg., H. 5, S. 23–26.

Pintrich, P.R. (1989): The dynamic interplay of student motivation and cognition in the college classroom. In: Advances in Motivation Achievement, 6, S. 117–160.

Pintrich, P.R./Garcia, T. (1994): Self-regulated learning in college students: Knowledge, strategies and motivation. In: Pintrich, P.R./Brown, D.R./Weinstein, C.E. (Eds.): Student Motivation, Cognition and Learning. Hillsdale, NY: Erlbaum, S. 113–133.

Reinmann-Rothmeier, G./Mandl, H. (2001): Unterrichten und Lernumgebungen gestalten. In: Krapp, A./Weidenmann, B. (Hrsg.): Pädagogische Psychologie. Weinheim und Basel: Beltz (4. Auflage), S. 601–646.

Roth, G. (2004): Warum sind Lehren und Lernen so schwierig. In: Zeitschrift für Pädagogi, 50. Jg., H. 4, S. 496–506.

Rüesch, P. (2001): Modell der Schulqualität. In: Schweizerische Konferenz der kantonalen Erziehungsdirektoren (EDK) (Hrsg.): Leistungsförderung und Bildungschancen. Qualitätssicherung in sprachlich, kulturell und sozial heterogenen Klassen und Schulen. Bern: Eigenverlag.

Rülcker, T. (1990): Selbstständigkeit als pädagogisches Zielkonzept. In: Preuss-Lausitz, U. u.a. (Hrsg.): Selbstständigkeit für Kinder – die große Freiheit? Weinheim und Basel: Beltz Verlag, S. 20–27.

Sacher, W. (2006): Didaktik der Lernökologie. Bad Heilbrunn: Klinkhardt.

Salomon, G. (1975): Heuristische Modelle für die Gewinnung von Interaktionshypothesen. In: Schwarzer, R./Steinhagen, K. (Hrsg.): Adaptiver Unterricht. Zur Wechselwirkung von Schülermerkmalen und Unterrichtsmethoden. München: Kösel.

Scheich, H. (2002): Motor für Lernprozesse. Thesen zum optimalen Lernen aus der Neurobiologie. In: Erziehung und Wissenschaft, H. 6, S. 10–14.

Schiefele, H. (1993): »Brauchen wir eine Motivationspädagogik?« In: Zeitschrift für Pädagogik, 39. Jg., H. 2, S. 177–186.

Schley, W (1998).: Teamkooperation und Teamentwicklung in der Schule. In: Altrichter, H./Schley, W./Schratz, M. (Hrsg.): Handbuch für Schulentwicklung. Innsbruck: Studienverlag, S. 111–159.

Schley, W. (2004): Teamarbeit und Teamentwicklung. In: Schulverwaltung spezial: Teamarbeit und Teamentwicklung, H. 4, S. 4–7.

Schley, V. (2004): Was ist ein Team? In: Schulverwaltung spezial: Teamarbeit und Teamentwicklung. H. 4, S. 8–10.

Schmidt, H.J. (2005): Widerstand gegen Veränderungen. In: Schulleitung Neue Länder, Aktualisierungslieferung 34. Neuwied: Wolters Kluwer Deutschland.

Sehrbrock, P.M. (2004): Offener Unterricht als Befreiende Pädagogik in der Schule. Pragmatische Reflexionen. Oldenburg. Zentrum für Pädagogische Berufspraxis 1997.

Shuell, T.J. (1990) (1992): Phases of meaningful learning. In: Review of Educational Research, 60, S. 531–547.

Simons, P.R. (1992): Lernen selbstständig zu lernen – ein Rahmenmodell. In: Mandl, H./Friedrich, H.F. (Hrsg.): Lern- und Denkstrategien. Analyse und Intervention. Göttingen: Hogrefe, S. 251–264.

Spitzer, M. (2002): Lernen. Gehirnforschung und die Schule des Lebens. Heidelberg und Berlin: Spektrum Akademischer Verlag.

Standop, J. (2002): Emotionen und kognitives schulisches Lernen aus interdisziplinärer Perspektive. Frankfurt a.M.: Peter Lang Verlag.

Standop, J. (2005): Werte-Erziehung. Einführung in die wichtigsten Konzepte der Werte-Erziehung. Weinheim und Basel: Beltz.

Stolzenberg, S. (2000): Das Projekt »Schnecke«. Wie aus einer Schüleridee ein Projekt entstanden ist. In: Grundschulmagazin, 68. Jg., H. 5, S. 23–26.

Terhart, E. (1989): Lehr-/Lernmethoden. Weinheim und Basel: Beltz (3. Auflage).

Wallrabenstein, W. (1991): Offene Schule – Offener Unterricht. Reinbek b. Hamburg: Rowohlt.

Weinert, F.E. (1996): Enzyklopädie der Psychologie. Psychologie des Lernens und der Instruktion. Göttingen: Hogrefe, S. 148.

Weinert, F.E. (1997): Lernkultur im Wandel. In: Beck, et al. (Hrsg.): Lernkultur im Wandel. Tagungsband der Schweizerischen Gesellschaft für Lehrerinnen- und Lehrerbildung und der Schweizerischen Gesellschaft für Bildungsforschung. St. Gallen: Fachverlag für Wissenschaft und Studium.

Weinberg, J. (1999): Einführung in das Studium der Erwachsenenbildung. Bad Heilbrunn: Klinkhardt (2. Auflage).

Konzepte der Kompetenz. OECD: Paris.

Wellenreuther, M. (2005): Lehren und Lernen – aber wie? Empirisch-experimentelle Forschungen zum Lehren und Lernen im Unterricht. Hohengehren: Schneider-Verlag (2. Auflage).

Studientexte für das Lehramt

Die bewährte und praxiserprobte Reihe für Lehramtsstudierende aller Schulformen in der 2. Phase (Referendariat) – zugleich eine wahre Fundgrube für alle Lehrer/innen, die ihre Unterrichtspraxis verbessern und effektivieren wollen.

Der Herausgeber Dr. Eiko Jürgens ist Professor für Allgemeine Didaktik und Schulpädagogik an der Universität Bielefeld.

Band 2
Jürgen Bennack
Erziehungskonzepte in der Schule
Praxishilfen für den Umgang
mit Schülerinnen und Schülern.
2., überarbeitete Auflage 2006.
144 Seiten. Broschiert.
ISBN 3-407-25374-5

Band 4
Wilhelm Topsch
Leitfaden Examensarbeit für das Lehramt
Bachelor- und Masterarbeiten im pädagogischen Bereich.
2., überarbeitete und erweiterte Auflage 2006.
176 Seiten. Broschiert.
ISBN 3-407-25414-8

Band 5
Wilhelm Topsch
Grundkompetenz Schriftspracherwerb
Methoden und handlungsorientierte
Praxisanregungen.
2., überarbeitete und erweiterte Auflage 2005.
167 Seiten. Broschiert.
ISBN 3-407-25368-0

Band 7
Jürgen Bennack
Schulaufgabe: Unterricht
Zeitgemäß unterrichten können.
3., überarbeitete und erweiterte Auflage 2004.
130 Seiten. Broschiert.
ISBN 3-407-25294-3

Band 8
Karl-Heinz Arnold/ Eiko Jürgens
Schülerbeurteilung ohne Zensuren
2001. 136 Seiten. Broschiert.
ISBN 3-407-25295-1

Band 11
Thorsten Bohl
Prüfen und Bewerten im Offenen Unterricht
3., überarbeitete Auflage 2005.
168 Seiten. Broschiert.
ISBN 3-407-25298-6

Band 13
Wilhelm Topsch
**Grundwissen für Schulpraktikum
und Unterricht**
2., überarbeitete und erweiterte Auflage 2004.
152 Seiten. Broschiert.
ISBN 3-407-25363-X

Band 15
Hannelore Faulstich-Wieland
Sozialisation in Schule und Unterricht
2002. 140 Seiten. Broschiert.
ISBN 3-407-25305-2

Band 17
Thorsten Bohl
**Wissenschaftliches Arbeiten
im Studium der Pädagogik**
Arbeitsprozesse, Referate, Hausarbeiten,
mündliche Prüfungen und mehr ...
2. Auflage 2006. 144 Seiten. Broschiert.
ISBN 3-407-25421-0

Band 18
Jutta Standop
Werte-Erziehung
Mit Werten Freiheit verantworten.
2005. 157 Seiten. Broschiert.
ISBN 3-407-25375-3

BELTZ Beltz Verlag · Postfach 100154 · 69441 Weinheim

Weitere Infos und Ladenpreise: www.beltz.de